U0068460

國立臺灣師範大學
歷 史 研 究 所　專刊（46）

聖諭與教化

明代六諭宣講文本《聖訓演》探析

林晉葳　著

本書承蒙
郭廷以先生獎學金補助出版
特此致謝

▎出版緣起

　　本系出版「國立臺灣師範大學歷史研究所專刊」，迄今已有三十七種。一九七七年二月，張朋園教授接掌所務，為鼓勵研究生撰寫優良史學論文，特擬訂學位論文出版計畫。當時，亦將本系碩士論文榮獲「嘉新水泥文化基金會」、「中國學術著作獎助委員會」等機構獎助出版者列入，即「專刊」第（1）、第（3）、第（5）等三種。迨「郭廷以先生獎學金」成立，由獎學金監督委員會研議辦法，作為補助出版學位論文之用，「專刊」遂得持續出版。

　　郭廷以先生，字量宇，一九〇四年生，一九二六年畢業於東南大學文理科歷史系，曾在國內、外知名大學講學；自一九四九年起，至本系執教。一九五五年至一九七一年，擔任中央研究院近代史研究所籌備處主任及所長，並於一九五九年至一九六二年，兼任本校文學院院長。一九六八年，當選中央研究院院士，是深具國際學術影響力的學者。

　　一九七五年九月，　先生在美病逝。李國祁教授感念　先生的學術貢獻，邀集本校史地系系友籌組基金，在本系設置「郭廷

以先生獎學金」，於一九七七年十月開始頒授獎學金。獎學金設監督委員會，由中央研究院近代史研究所研究員和本系教師共同組成，每年遴選優秀學位論文，補助印製「專刊」經費。三十多年來，本系研究生無不以獲得「郭廷以先生獎學金」獎勵，並以「專刊」名義出版畢業論文，為最高榮譽。

「專刊」向由本系刊行，寄贈國內、外學術機構和圖書館，頗受學界肯定，惟印刷數量有限，坊間不易得見，殊為可惜。經本屆獎學金監督委員會議決，商請秀威資訊科技公司印製發行，以廣流傳，期能為促進學術交流略盡棉薄之力。

今年，適值郭廷以先生逝世四十周年，「專刊」以新的型態再出發，可謂別具意義。謹識緣起，以資紀念。

國立臺灣師範大學歷史學系
二〇一五年九月

▌序

　　道德教化是傳統中國治理重要的一環，宋元以後，透過朝廷和士紳的提倡，儒家思想對社會生活的規範更彰顯了政治與教化密不可分的事實。明太祖開國之初，即宣示「為治之要，教化為先」，在洪武三十一年（1398）頒布的〈教民榜文〉中，規定每鄉每里置一木鐸，於里內選年老或殘疾不能理事之人，持鐸巡行本里，沿路宣誦：「孝順父母，尊敬長上，和睦鄉里，教訓子孫，各安生理，毋作非為」，這二十四字聖諭，稱為「六諭」，又稱「聖諭六言」、「聖訓六條」，自此成為明代基層教化的總綱。

　　嘉靖以後，宣導六諭的方式，由流動的「木鐸宣誦」逐漸轉為定點的「鄉約會講」，各地並刊行了許多宣講專書，有的是理學家為鄉約會講撰寫的疏解，有的是地方官向百姓宣導的教條。如湛若水（1466-1560）《聖訓約》、羅汝芳（1515-1588）《聖諭演》、章潢（1527-1608）《聖訓解釋》、郝敬（1558-1639）《聖諭俗解》、范鋐《六諭衍義》等。其中，清初刊刻的《六諭衍義》經琉球儒者程順則（1663-1735）翻刻，由琉球傳至日

本，直到明治時期都是日本修身科教科書的主要內容，影響深遠，也最為研究者矚目。而成書於嘉靖十五年（1536），也是目前所見最早的六諭宣講文本《聖訓演》，則鮮為人知。

本書主要探討《聖訓演》的編纂及其內容，析論該書的教化理念及其實踐，以見明代六諭宣講與地方治理之關係。《聖訓演》由陝西監察御史唐錡、陝西提學副使龔守愚纂修，書分上、中、下三卷，收錄了三原學派王恕（1416-1508）對六諭的疏解，刑部尚書許讚的贊語，以及改正婚喪禮俗、講勸婦德婦功的告示、府縣學官的風俗議論等。作者不僅釐清了《聖訓演》的成書時間與存佚問題，且透過各卷內容的分析，指出《聖訓演》是最早收錄王恕六諭疏解的宣講文本，重視女子勤事蠶桑的婦功，呈現關陝禮俗與女教內容的地域特性。尤其值得注意的是，作者透過編纂諸人與王恕、呂柟（1479-1542）、馬理（1474-1556）等關陝儒者師承的考索，抉發關陝士人藉六諭宣講推動地方禮俗改革、致力基層社會教化，指出《聖訓演》一書富含關學「以禮為教」的思想特色。凡此闡幽發微，俱不無創獲之功，研究貢獻值得肯定。

誠如葛兆光教授指出：思想學說的「制度化」、「世俗化」和「常識化」，分別對應了官方禮法制度的建立、民間風俗習慣的變化，和一般思想世界的形成這三個方面。明代短短二十四個字的「聖諭六言」，從朝廷頒行榜文，規定木鐸宣誦，「倫理成為制度，道德成為規定」，到儒者編纂疏解，鄉約宗族集會宣

講，再到市井男女、鄉里小兒都能琅琅上口，也可以說是明太祖「六諭」從制度化、世俗化到常識化的結果。然而，「常識」與「行動」的關係為何？似亦有待更進一步的探究。本書在梳理《聖訓演》的內容與地域特色上用力甚勤，唯對明人六諭實踐的討論或仍有不足。萬曆年間，禮部尚書沈鯉（1531-1615）不僅在《覆十四事疏》中強調「聖訓六言，勸化民俗」，主張恢復洪武舊制，於城市坊廂、鄉村集店，「復設木鐸老人，免其差役，朝暮宣諭聖訓；更於所著《文雅社約》中約定將聖諭六條「各書一牌，尊奉於門屏冠冕處所，使家眾子弟朝夕出入，仰瞻明命。」清四庫館臣雖肯定沈氏力懲冠婚喪祭時弊，以古禮救奢崇樸之本意，但也批評其論「失於太略太儉，不合古禮」，認為矯枉過直。對照《聖訓演》富含關學「以禮為教」的教化理念，如何就六諭的實踐與反思進行更深入的討論，應是學者可以繼續追究的課題。

　　本書由作者2020年碩士學位論文修訂而成，並榮獲郭廷以先生獎學金獎助出版。欣聞本書即將付梓，謹此推介，並請學者專家惠予指正。

林麗月

誌於臺灣師範大學歷史學系

二〇二三年九月

目次 contents

圖表目次

contents

▮ 緒論

第一節　研究背景與目的

> 每鄉每里，各置木鐸一個，於本里內選年老或殘疾不能理
> 事之人或瞽目者，令小兒牽引，持鐸循行本里。如本里內
> 無此等之人，於別里內選取，俱令直言叫喚，使眾聞知，
> 勸其為善，毋犯刑憲。其詞曰：「孝順父母、尊敬長上、
> 和睦鄉里、教訓子孫、各安生理、毋作非為。」如此者每
> 月六次，其持鐸之人，秋成之時，本鄉本里內眾人隨其多
> 寡，資助糧食。如鄉村人民住居四散窵遠，每一甲內置木
> 鐸一個，易為傳曉。
>
> ——《皇明制書》，卷九，〈教民榜文〉[1]

　　明代開國之初，明太祖以「三綱五常」為核心的儒家傳統，

---

[1]　〔明〕張鹵校刊，《皇明制書》（臺北：成文出版社，據明萬曆年間刻本影印，1969），卷9，〈教民榜文〉，頁1419、1420。

強調恢復「先王之舊制」，以宣示明朝中華文化正統的地位，[2]
隨即頒訂了大量法律條文，傳布各項禮俗改革與教化觀念，如
《御製大誥》的頒行、「鄉飲酒禮」、「興社學」與「教民榜
文」等重要典制的設立，顯示其「明刑弼教」的決心。其中，
值得注意的是，洪武三十年（1397），明太祖仿照儒家經典中的
「木鐸教民」之制，[3]下令於每鄉里設置木鐸，選年長者擔任木
鐸老人，要求每月手持木鐸沿路宣誦聖諭六言：「孝順父母，
尊敬長上，和睦鄉里，教訓子孫，各安生理，毋作非為」。[4]翌
年（1398）即頒布〈教民榜文〉，進一步詳細規定鄉里老人宣講
「聖諭六言」（亦稱「六諭」）一事，以達教化百姓之效。[5]

作為「勸民為善」、「勿犯刑憲」的二十四字「六諭」，
木村英一指出，六諭最早起源於南宋朱子學的實踐，即朱熹
（1130-1200）任漳州知縣時，為了教化民眾所示的勸諭榜。[6]明
太祖便透過此二十四字的宣誦，實行教化，同時又特別重視地方
里甲、老人的職責，使其負責宣講法令、受理訴訟、敦勸風俗、

---

[2] 羅冬陽，《明太祖禮法之治研究》（北京：高等教育出版社，1998），頁59。

[3] 「鐸」，盛行於春秋至漢代，是一種以金屬為邊框的器具，以木為舌者稱「木
鐸」。通常用於宣布政令，引起人民警覺與關注。詳見周慶許，〈何謂「木鐸之
教」〉，《文史知識》，（北京，2010.3），頁78-82。

[4] 《明太祖實錄》（臺北：中央研究院歷史語言研究所，1968），卷255，頁
3677，洪武三十年九月庚戌條。

[5] 〔明〕張鹵校刊，《皇明制書》，卷9，〈教民榜文〉，頁1419、1420。

[6] 〔日〕木村英一，〈ジッテと朱子の學〉，《東方學報（京都）》，第22冊（京
都，1953.2），頁28-58。亦可參見〔日〕酒井忠夫，《增補中国善書の研究》
（東京：国書刊行会，1999），頁58。

陳言利害等鄉里事務。[7]由此亦可見明太祖將鄉里教化之重責大
任，置於里甲和老人身上。[8]

　　最初，宣講六諭的方式為里老人「持鐸徇道」，透過不斷
反覆宣誦此二十四字，傳播至鄉里各處，但嚴格來說，此僅止於
「宣」，並未有「講」。直到嘉靖以後，因鄉約制度的盛行，定
期集會宣講六諭，宣講方式於是由「流動宣誦」轉變為「定點會
講」的模式。[9]六諭宣講文本自嘉靖以後湧現，趙克生2014年所
整理的《明朝聖諭宣講文本匯輯》，便收錄多種明代六諭宣講文
本。其中，僅明末范鋐《六諭衍義》受到較多關注，尤以日本學
界特別重視，《六諭衍義》經琉球傳入日本後，成為日本近代修
身科教科書的重要內涵。[10]其他則未有太多討論，顯見明代六諭
宣講文本仍有待深入探究。

　　終明一代，諸多士人對六諭進行解釋，有的是地方官向百
姓宣導的告諭或約束的教條，有的則是理學家為鄉約會講所作的
疏解文本。雖然明代前期部分士人的作品中未正式申明應謹遵六
諭之規範，但皆隱約可見相似的意涵，如丘濬（1421-1495）贈

7　張佳，《新天下之化：明初禮俗改革研究》（上海：復旦大學出版社，2014），
　　頁289。
8　Edward L. Farmer（范德），〈一國之家長統治：朱元璋的理想社會秩序觀
　　念〉，收入朱鴻林編，《明太祖的治國理念及其實踐》（香港：香港中文大學，
　　2010），頁13。
9　趙克生，〈從「木鐸宣誦」到「鄉約會講」：明代地方社會的聖諭宣講〉，《史
　　學月刊》，第1期（河南，2012），頁42-52。
10　〔日〕阿部泰記，〈中日宣講聖諭的話語流動〉，《興大中文學報》，第32期
　　（臺中，2012.12），頁93-130。

序予治理其家鄉的縣令，表達對於鄉里百姓的期許，其中可見他勸勉鄉人應教訓子孫、毋作非為、和睦鄉黨鄰里與族姻、安守本分等。[11]又，王守仁（1472-1529）於正德十二年（1517）提出的〈諭俗四條〉，也包含了相關教化理念於條文中。[12]至於最早在政令中明確指出「聖諭六言」的士人，應為浙江淳安知縣姚鳴鸞（1487-1529），於嘉靖三年（1524）給予地方的規範：

> 伏觀我太祖高皇帝御製教民榜，有曰：「孝順父母，尊敬長上，和睦鄉里，教訓子孫，各安生理，毋作非為。」明白簡約，民生日用不可一日而無。敢稽首注釋，申諭吾民，蓋相與誦習而服行之。蓋孝順父母，如事父母能竭其力是已；尊敬長上，如徐行後長者是已；和睦鄉里，如相友、相助、相扶持是已；教訓子孫，如教子義，方弗納於邪是已；各安生理，四民各執一業，而無隳其職，則無不安生理者矣；毋作非為，循理而不敢違，畏法而不敢犯，則無有作非違者矣。[13]

11　〔明〕丘濬，《瓊臺會稿重編》（國立臺灣大學電子資源光碟，索書號：(DO)030.86008[disc112]，東京：內閣文庫藏明代稀書，2014），卷12，〈贈瓊郡王太守序〉，頁14b、15a。

12　〔明〕王守仁，《王陽明全書（三）》（臺北：正中書局，1954），卷3，〈諭俗四條〉，頁366。

13　〔明〕《淳安縣志》（收入《天一閣藏明代方志選刊》，據明嘉靖刻本影印，上海：上海古籍書店，1981），卷1，〈風俗〉，頁5b、6a、6b。

其對六諭的解釋雖簡短，但可見嘉靖三年便已開始對六諭進行初步的疏解。

關於明人對「六諭」的大量解釋及衍義，始自嘉靖八年（1529），王廷相（1474-1544）以鄉約結合聖諭六言的題准上奏之後，使得聖諭六言廣為流傳，成為地方士人用以教化的思想之一。[14]在諸多明代士人解釋、編纂的聖諭六言文本中，以成書於嘉靖十五年（1536）的《聖訓演》為較早的作品。《聖訓演》一書共分為上、中、下卷，由陝西巡按監察御史唐錡（1493-1559）所編纂，並由陝西提學副使龔守愚協助完成。

該書上卷收錄王恕（1416-1508）對聖諭六言所作之「疏解」、以及時任刑部尚書許讚（1473-1548）的「贊語」，[15]也輯錄從古至今的「嘉言」、「善行」，以眾多事例來詮釋聖諭六言。[16]上卷卷末附有增錄「忠」、「信」及「婦德」類別的嘉言善行事例。中卷則收錄唐錡任內頒行政令，如婚約、喪約各五條，以及蒲城縣儒學教授徐效賢所講演的教諭內容。同時，西安府儒學教授張玠又對內文進行逐條詮釋，提出其對婚喪約俗的見解。下卷是由張玠藉《內訓》一書，摘錄古今談論婦德、婦功的內容相互對照，並統論婦女的品德與行誼。其中，尤其值得注意

---

[14] 〔日〕酒井忠夫，《增補中國善書の研究》，頁60。

[15] 許讚的贊語除收錄於《聖訓演》之外，也可見於其著作《松皐集》中，可知贊語原先是獨立成冊的。〔明〕許讚，《松皐集》（國立臺灣大學電子資源光碟，索書號：(DO)030.8 6008[disc117]，東京：國立公文書館所藏圖書，2014）。

[16] 〔明〕馬理，〈聖訓演序〉，《溪田文集》（收入許寧、朱曉紅點校，《馬理集》，西安：西北大學出版社，2014），卷2，頁274。

的是，上卷各論之後所加註的「贊語」，以及下卷「統論婦德」的內容，就筆者寓目所及，此為目前明代眾多六諭宣講文本中所未見的編纂體例與型態，再加上各論最後所附「善行故事」，多有出自元代編纂的著名啟蒙類書《日記故事》者，[17]亦可推衍《日記故事》流傳至明代的影響，顯見本書的特殊性。相較其他地方官員編纂的宣講文本，《聖訓演》內容共三卷，約九十葉，[18]篇幅遠大於其他文本。自明中期至明末，六諭宣講文本的演繹內容大多是由少漸多、由單一漸多元，《聖訓演》雖年代較早，其內容頗具代表性，值得深入探究。

　　《聖訓演》一書的獨特之處除為較早的開端之作，有其代表性外，編纂者均為地方官員，有別於部分宣講文本為明代著名理學家所作，意在藉宣講六諭，廣為傳布儒家經典的思想，如湛若水（1466-1560）、羅汝芳（1515-1588）等。透過觀察這些基層士人在地方上的作為，或可重建他們的治鄉理念及理想的社會秩序。故此，本文擬進一步考察《聖訓演》在明代眾多六諭宣講文本中的重要性，梳理其內容、體例及形式的來源，深究《聖訓演》在明代六諭宣講文本的發展歷程中率先開展後確立的意涵，

---

[17] 《日記故事》為元朝建安人虞韶於至元二十八年（1291）所編啟蒙類書，以忠孝節義故事教育童稚，使其記誦道理，久之德性自然成熟。詳見林桂如，〈明代《日記故事》類書籍之刊印及其在日本之傳播──以《新鍥類解官樣日記故事大全》為中心的考察〉，《東吳中文學報》，第34期（臺北，2017.11），頁91-118。劉瓊云，〈我們可以從明代道德故事類書中讀出什麼？──知識編輯、文化網絡與通俗忠觀〉，《新史學》，第30卷3期（臺北，2019.9），頁1-73。

[18] 此處90葉是依據《北京大學圖書館藏朝鮮版漢籍善本萃編》的內容計算，a、b面併計為1葉。

更重要的是，藉由討論宣講文本，進而廓清明太祖六諭的深遠影響。同時，也藉此書與其他六諭宣講文本相參照、比對，釐清明代六諭宣講文本的演繹脈絡，並討論地方士人如何在基層社會實踐明太祖的諭旨，體現明太祖的教化理想。

第二節　相關研究回顧

明太祖教化政策及六諭宣講

　　明太祖建國之初，特重禮法制度，以建立「國之綱紀」。其中「以禮治國」是儒家傳統的治國思想，強調社會應和諧有序的發展，並以此作為教化百姓的基本規範。[19]頒布律令、榜文，以加強對官民的規範，建立國家祀典，以強調朝廷的權威。[20]明太祖初定天下，便首開禮、樂二局，透過「以教化為本」的治國思想，制定各種禮儀制度，如在基層設置里甲老人制度、在鄉里修建旌善亭及申明亭、推廣「鄉飲酒禮」等，以期化民成俗。[21]明太祖「聖諭六言」便出現於此背景之下，雖然明初諸多教化政策，在中央強大威勢下，多能具體落實於鄉里社會之中，但明

---

[19] 王天有，高壽仙著，《明史：一個多重性格的時代》（臺北：三民書局，2008），頁25。

[20] 徐泓，〈《明史紀事本末‧開國規模》校讀——兼論其史源運用與選材標準〉，《臺大歷史學報》，20（臺北，1996.11），頁605。

[21] 張顯清，〈試論明太祖「以教化為本」的治國思想與實踐〉，收入陳支平主編，《第九屆明史國際學術討論會暨傅衣凌教授誕辰九十周年紀念論文集》（廈門：廈門大學出版社，2003），頁153-161。

代中葉以後，官方行政控制力日漸低下，里甲老人等制度的廢弛，使明初教化政策逐漸形同具文。[22]地方官紳便於此時開始以鄉約、宗族等方式重建社會秩序。酒井忠夫即指出，嘉靖以後，在鄉約、保甲中實行六諭，對於民眾教化有很大作用，更體現於諸多家訓之中。[23]因此，明太祖六諭的宣誦方式也開始產生轉變。趙克生〈從「木鐸宣誦」到「鄉約會講」：明代地方社會的聖諭宣講〉以嘉靖朝為界，指出聖諭宣講呈現兩個不同的發展階段，前期遵循洪武之制，以木鐸老人宣講傳誦、持鐸徇道，為一流動性的傳播方式，後期則多有變化，如聖諭六言的宣講與鄉約結合，藉由鄉約將民眾聚集起來，採定期集會的方式宣講聖諭六言，此種由「流動宣誦」到「定點會講」的宣講方式，可說是明代中期以後鄉村社會的嶄新道德教育模式。[24]

六諭演繹

六諭宣講方式產生變化之後，明代士人為六諭注疏者日盛，出現諸多演繹六諭的文本，王四霞〈明太祖《聖諭六言》演繹文本研究〉便對於明清時期聖諭演繹的過程，宣講的途徑與方式，以及聖諭民間化的版本與特色進行析論。[25]主要貢獻在於對明代

---

[22] 張佳，《新天下之化：明初禮俗改革研究》，頁285-293。
[23] 〔日〕酒井忠夫，《增補中国善書の研究》，頁61-76。
[24] 趙克生，〈從「木鐸宣誦」到「鄉約會講」：明代地方社會的聖諭宣講〉，《明代地方社會禮教史論叢——以私修禮教書為中心》（北京：中國社會科學出版社，2011），頁152-184。
[25] 王四霞，〈明太祖《聖諭六言》演繹文本研究〉，吉林：東北師範大學碩士學位

各類聖諭文本皆略作梳理，並逐一說明出處，可使研究者得以綜覽明代聖諭文本之樣貌，再據此進行比較、整理的工作，形塑出「六諭」在明代的特殊性。可惜未針對特定聖諭文本進行詳細分析，也未見對成書於嘉靖年間《聖訓演》的討論。陳時龍〈聖諭的演繹：明代士大夫對太祖六諭的詮釋〉即主要論述六諭在各個詮釋文本的演繹過程，並說明鄉約與六諭結合的情況，有將六諭疏之為目，條列於鄉約之中的情形，也有以說理與詩歌形式呈現的樣態，並指出晚明詮釋六諭的新動向是援引善惡報應故事，或附錄大明律例於內文中的方式呈現。但陳文指出「〈聖訓贊〉無單行本，保存在唐錡《聖訓演》內」則有待商榷，因其可見於許讚《松皋集》中。[26] 由此可知，聖諭從宣講到與鄉約結合，是經歷長時間演變形成，而明代聖諭六言詮釋文本的發展，也有其不同的過程，至於詳細內容的研究，應可進一步探討。

趙克生整理的《明朝聖諭宣講文本匯輯》，收錄了多種六諭宣講文本，均有對六諭意涵解釋、演繹的篇幅。現今學界尚未有完整梳理六諭宣講文本的文獻，因此本匯輯尤顯重要，其所收錄相關文獻，詳列如下：

唐錡、龔守愚，《聖訓演》。

羅汝芳（1515-1588），《聖諭演》。

論文，2011。

[26] 陳時龍，〈聖諭的演繹：明代士大夫對太祖六諭的詮釋〉，《安徽師範大學學報》，第43卷5期（蕪湖，2015.9），頁611-621。

河南布政使司，《皇明聖諭訓解》。

張福臻（1584-1644），《聖諭講解錄》。

鄭明選，《聖諭碑粗解六條》。

郝敬（1558-1639），《聖諭俗解》。

湯沐、柳應龍，《聖諭演義》[27]。

蕭雍，《聖諭繹義》。

沈長卿，《聖諭訓蒙》。

沈壽嵩，《太祖聖諭演訓》。

章潢（1527-1608），《聖訓解釋》。

范鋐，《六諭衍義》。

不過，匯輯所收文獻雖豐富，但目前僅藏於臺北國家圖書館藏善本書庫的湛若水《聖訓約》，則未見收錄。此外，要特別說明的是，范鋐《六諭衍義》原在中國失傳，後經琉球士大夫程順則（1663-1735）翻刻後傳至日本，開啟六諭在日本的演繹與流傳。至明治時期，則更將六諭意涵融入修身科的教科書中，用於庶民教育的啟蒙及訓誨一途。[28]

　　值得一提的是，明末天主教徒韓霖所撰的《鐸書》為一本藉演繹六諭之名，行宣揚天主教義理之實的鄉約。黃一農對於《鐸

---

[27] 《聖諭演義》選自萬曆二十二年（1594）時任錢塘知縣湯沐與社學生柳應龍等編撰《新刊社塾啓蒙禮教類吟》，詳見〔明〕柳應龍撰，《新刊社塾啓蒙禮教類吟》（收入《故宮珍本叢刊》，子部第476冊，海口：海南出版社，2000），頁359-450。亦可參見趙克生整理，《明朝聖諭宣講文本匯輯》（哈爾濱：黑龍江人民出版社，2014），頁156-170。

[28] 〔日〕阿部泰記，〈中日宣講聖諭的話語流動〉，頁93-130。

書》曾作不少討論,〈從韓霖《鐸書》試探明末天主教在山西的發展〉析論明末天主教徒韓霖如何巧妙利用地方官宣講聖諭時,融入天主教的思想,並達到其宣教的目的。[29]而韓霖以此種獨特的方式將六諭融匯其中,迥異於明代眾多宣講聖諭的文本,顯見晚明演繹聖諭的方式已然產生改變。此研究雖非直接討論聖諭六言的演繹,但其關注視角獨樹一幟,值得思考。在相關聖諭演繹文本中,是否也蘊含箇中意義。與此同時,蕭清和〈明末天主教徒韓霖《鐸書》中的文本理解與詮釋〉則透過詮釋學的角度,認為《鐸書》具有「雙重身分」,既可被視為一部宣揚儒家倫理綱常,並詮釋六諭的鄉約著作,亦能作為解釋天主教義的宗教文獻。但蕭氏卻將《聖訓演》誤解為許讚的作品。[30]此即說明目前學界對《聖訓演》的相關瞭解確有不足。

六諭與鄉約

目前學界以明代聖諭為主要核心議題進行闡發的研究專論較少,多於鄉約研究中延伸討論或旁及六諭的發展歷程。就鄉約研究的面向來說,1935年王蘭蔭最早關注於此,〈明代之鄉約與民眾教育〉論及明代鄉約的緣起與進行方式,鄉約與保甲、社

---

[29] 黃一農,〈從韓霖《鐸書》試探明末天主教在山西的發展〉,《清華學報》,新34卷1期(新竹,2004.6),頁67-102。相關研究仍有:黃一農,〈明清天主教在山西絳州的發展及其反彈〉,《近代史研究所集刊》,第26期(臺北,1996.12),頁1-39。

[30] 蕭清和,〈明末天主教徒韓霖《鐸書》中的文本理解與詮釋〉,《輔仁宗教研究》,第14期(臺北,2006.12),頁127-161。

學與社倉之間的關聯，並指出明代鄉約之流弊及與民眾教育的關係。[31]楊開道也屬較早討論鄉約的學者，介紹鄉約制度的起源和歷代的發展，對呂氏鄉約進行考證、分析及增損，並討論明代鄉約的演進，以及清代鄉約的宣講與實施方式。[32]王、楊兩人均是在論述鄉約的發展時提及六諭，王氏認為明代鄉約的特殊精神，在於講演明太祖「教民六諭」，而楊氏則是討論農村組織時，明指王守仁〈南贛鄉約〉是〈呂氏鄉約〉和「洪武六諭」的結合。

與此同時，曹國慶則明確指出明代鄉約的發展，大體上可分為三個階段，洪武至宣德時期為醞釀階段，重視鄉里間的秩序，陸續頒訂《大明律》、《大誥三編》等律令，[33]以完善鄉治管理系統。正統至正德時期為初步推行階段，開始有許多鄉約、社學的倡行，開啟明中葉以後官府積極倡辦鄉約的興盛局面。嘉靖至崇禎年間則為全盛時期，鄉約產生許多新的特徵，如漸以宗族作

---

[31] 王蘭蔭，〈明代之鄉約與民眾教育〉，《師大月刊》，第21期（北平，1935.5），頁103-122。

[32] 楊開道，《中國鄉約制度》（濟寧：山東省鄉村服務人員訓練處，1937）。

[33] 洪武十八年（1385）後陸續頒布的《御製大誥》、《御製大誥續編》、《御製大誥三編》，內文中除顯見明太祖「刑用重典」、「明刑弼教」的思想之外，也隱約可見與「聖諭六言」相近的教化思想，如〈初編・鄉飲酒禮第五十八〉談及「敘長幼，論賢良，別奸頑，異罪人。其坐席間，年高有德者居於上，高年淳篤者並之，以次序齒而列」，與六諭中「尊敬長上」的理念相符。又，〈續編・互知丁業第三〉：「先王之教，其業有四，曰士、農、工、商。昔民從教，專守四業，人民大安。」此處符應「各安生理」的意涵，勸勉人民恪守本分。接著又言：「凡民鄰里，互相知丁，互知務業，具在里甲，縣，州，府務必周知。」此則呈顯「和睦鄉里」之意。故此，明太祖的教化思想可謂具有明確階段性的逐步發展之歷程。楊一凡，《明大誥研究》（南京：江蘇人民出版社，1988），頁239、頁265。

為核心發展的鄉約形式。[34]而鄉約的功能，在王日根的研究中則明確指出，講鄉約、支持文教和科舉事業、應付差徭、利用鄉約的公共基金運作營利、置買田地，此五項均為鄉約被賦予的權利。[35]然而，在明代鄉約發展的過程中，太祖六諭是如何融入其中，成為鄉約中的重要意涵，並發揮其影響力，前述學者則未見論述。

　　鄉約研究中較具特色之個案，以王汎森〈清初的下層經世思想〉和朱鴻林〈明代嘉靖年間的增城沙堤鄉約〉的討論最具代表性。王汎森指出明末清初思想家對社會的批判，從明末陸世儀所寫的〈治鄉三約〉及清初陳瑚所講的〈蔚村三約〉中，明顯可見鄉約與聖諭的影子。[36]朱鴻林具體考察嘉靖二十三年（1544）廣東增城縣沙貝村的鄉約內容，主要根據湛若水所作的《聖訓約》進行討論，同時討論明代鄉約的性質、功效及特色等議題。朱氏明確指出，一個鄉約的成立和推行，至少要具備權威、人力和經費三個條件，並說明明代中葉以降是鄉約的發達期，鄉約數量增多，型態較多元，情況與清代不同，還未定型至幾乎以宣講皇帝聖諭為唯一內容，因此很難用一類型的鄉約來概括。[37]兩者均透

---

[34] 曹國慶，〈王守仁與南贛鄉約〉，《明史研究》，第3輯（合肥：黃山書社，1993），頁67。曹國慶，〈明代鄉約發展的階段性考察——明代鄉約研究之一〉，《江西社會科學》，第8期（南昌，1993.8），頁24-29。

[35] 王日根，《明清民間社會秩序的考察》（長沙：岳麓書社，2003），頁22。

[36] 王汎森，〈清初的下層經世思想〉，《大陸雜誌》，第98卷1期（臺北，1999.1），頁1-21。

[37] 朱鴻林，〈明代嘉靖年間的增城沙堤鄉約〉，《燕京學報》，新8期（北京，2000.5），頁107-159。朱鴻林1992年已於（韓）《中國學報》發表〈明代中

過個案研究，呈顯明清士人對於治鄉的理念，以及如何將其理想具體實踐於鄉里社會之中。

六諭與宗族

明代中葉以後，鄉約與宗族的關係緊密相連，亦可從中發現六諭思想的體現。李文治〈明代宗族制的體現形式及其基層政權作用〉對明代宗族制體現方式及政治作用的論述中，提及原為基層政治組織的「鄉約」，後與族規並行，闡揚忠孝及修身齊家等家族倫理觀念，意在維護封建秩序。他也說明隆慶年間的〈祁門文堂鄉約家法〉具有嚴謹的宗族等級秩序。[38]陳柯云〈明清徽州宗族對鄉村統治的加強〉則強調明代隆慶前後，因全國大力推行鄉約，徽州地區很多宗族藉機建立宗族性的鄉約，所立鄉約規條與族規家法合二為一，從而使宗族控制了鄉里教化機構。[39]

常建華明確指出「宗族鄉約化」的特性，並對徽州地區地方官府在宗族推行鄉約的過程進行詳細論證，闡明宗族與官府間互

期地方社區治安重建理想之展現——山西河南地區所行鄉約之例〉一文，主要查考正德、嘉靖年間潞州仇氏家族、高陵呂柟、祁門余光及安邑張良知等人所推行於山西、河南之鄉約，討論早期鄉約制度的淵源、組織特色，以及其興起過程。朱鴻林早已對鄉約施行的部分個案進行探討，後又專論〈聖訓約〉的特色，並綜論明代中期以後鄉約發展的意涵，顯見其對鄉約研究著墨甚深。此兩篇研究均收入朱鴻林，《孔廟從祀與鄉約》（北京：生活・讀書・新知三聯書店，2015）。

[38] 李文治，〈明代宗族制的體現形式及其基層政權作用〉，《中國經濟史研究》，（北京，1988.1），頁54-72。

[39] 陳柯云，〈明清徽州宗族對鄉村統治的加強〉，《中國史研究》，第3期（北京，1995），頁51。

動關係的增強，是明代特別顯著的社會現象。其中也詳論〈文堂陳氏鄉約〉的內容，甚至不厭其煩的引錄全文，強調鄉約與族規相互結合，透過推行鄉約使宗族組織化，除反映隆慶時期基層社會組織的變化，也顯示此一事例的重要性。[40]常建華的研究可說是在李文治、陳柯云的基礎之上，進一步舉出諸多實際案例，梳理嘉靖以後鄉約的發展脈絡，對浙江、江蘇、江西及安徽地區的宗族和鄉約的互動情形展開申論，尤以安徽地區最具代表性，論述篇幅較多，更以「宗族鄉約化」的概念貫串全文。

　　總體而言，關於六諭與鄉約的研究，不僅確立明代鄉約發展的階段及其特性，也具體指出「宗族鄉約化」的現象。同時，也可知與六諭相關的研究，多以鄉約會講、宗族家訓有關。但在地方士人所處的基層社會中，仍未有明確考究「六諭」演繹文本內容探析的專論，將明代六諭演繹文本進行比較，進而理解六諭宣講文本在明代的特殊性與重要性，而地方士人如何將六諭思想滲入民間，亦值得進一步探討。至於《聖訓演》一書，迄今未有學者進行申論，趙克生明代宣講文本的列表中，甚至將《聖訓演》的成書時間指為「不詳」，存佚狀況列為「已佚」。[41]之後雖然在其《明代聖諭宣講文本匯輯》中收有《聖訓演》，但對本書的掌握度較低。又，對清代「聖諭廣訓」研究著力甚深的周振鶴，

---

[40] 常建華，《明代宗族研究》（上海：上海人民出版社，2005），頁279-306。

[41] 趙克生，〈從「木鐸宣誦」到「鄉約會講」：明代地方社會的聖諭宣講〉，收入氏著，《明代地方社會禮教史論叢——以私修禮教書為中心》，頁172。

在〈聖諭、《聖諭廣訓》及其相關的文化現象〉一文中，提及清代宣講聖諭制度溯源時，指出《聖訓演》為明代專門闡釋「聖諭六言」的著述，但同樣認為「這部書今已不存」。[42]由此可見，目前學界對於明代聖諭相關的研究仍十分缺乏。本文因擬就《聖訓演》的內容，考察本書的撰述體例，探討編纂者的治鄉理念，及其如何推衍明太祖的六諭意涵與教化思想，以見《聖訓演》在諸多六諭宣講文本中的代表性及其意義。

第三節　史料運用與說明

　　目前《聖訓演》一書可見於北京大學圖書館編《北京大學圖書館藏朝鮮版漢籍善本萃編》，以及趙克生整理的《明朝聖諭宣講文本匯輯》。在《北京大學圖書館藏朝鮮版漢籍善本萃編》所收的《聖訓演》中，封面寫著「聖訓演（全）」，扉頁則有「嘉靖二十一年五月，內賜羅州牧使金益壽《聖訓演》一件，命除謝恩。左承旨臣洪」，第一頁有「宣賜之記」與「養安院藏書」兩個印記。羅州為朝鮮王朝時期的邑城，「宣賜之記」及扉頁文句即顯示此書曾由朝鮮王室刊刻或收藏，後賜給地方官員。據《朝鮮王朝實錄》載，職掌諫諍的司諫院啟奏，忠清道觀察使金益壽在任羅州牧使時，日事宴飲，不務職事，貽弊不貲，並認為其不

---

[42] 周振鶴，〈聖諭、《聖諭廣訓》及其相關的文化現象〉，收入氏著，《聖諭廣訓：集解與研究》，頁630。

合朝官,請罷其職,以懲其餘。後來則因其為燕山外孫,國家當以宗室例待之,不失其祿,不須罷職。因此,負責糾察百官的司憲府便奏曰:「忠清道觀察使金益壽,一家之事,不能齊治,以致夫婦之變,素多物論,而特授嘉善重加,為方面重任,物情未便,請改正加資,並褫其任」。[43]此則記載出自《朝鮮王朝實錄》中宗三十八年(1543)五月,與《聖訓演》扉頁所寫的嘉靖二十一年(1542)五月相去不遠,顯示兩者有密切相關,也證實目前所見《聖訓演》文本曾存於朝鮮。

其次,關於第一頁「養安院藏書」之印,須提及日本文祿慶長年間的曲直瀨正琳(1565-1611),他是養安院的主人,其藏書多從豐臣秀吉的女婿秀田浮家(宇喜多浮家)得來,說明此書為壬辰倭亂(1592-1598)期間從朝鮮輾轉流傳至日本。[44]根據養安院家藏書目錄〈懷仙樓書目〉經書部的記述,其中便載錄有《聖訓演》一冊。[45]而此書最終為何又收錄於《北京大學圖書館藏朝鮮版漢籍善本萃編》,則與清末著名藏書家李盛鐸(1859-1937)有關,他出生於藏書世家,祖父李恕建有「木犀軒」,首開家族藏書風氣,至李盛鐸時已藏書超過十萬卷。在他出使日本時,因結識當地學者,而買下許多流散在日本的漢籍善本,其中

---

[43] 《朝鮮王朝實錄》(首爾:國史編纂委員會,1973),第18冊,中宗100卷,頁678,三十八年五月二十八日辛未條。

[44] 崔溶澈,〈韓國古典小說的整理與研究〉,收入鄭毓瑜編,《中國文學研究的新趨向:自然、審美與比較研究》(臺北:臺大出版中心,2005),頁15。

[45] 町泉壽郎,〈曲直瀨養安院家與朝鮮本醫書〉,收入王勇主編,《書籍之路與文化交流》(上海:上海辭書出版社,2009),頁455。

有部分書籍便是壬辰倭亂時被掠往日本的朝鮮古籍，書上大多有
「養安院」印記，而今李盛鐸的木犀軒藏書則由北京大學圖書館
管理。[46]由此，除可知《聖訓演》一書為東亞書籍環流史的例證
之外，從外部結構上獲知本書的來由，對於深入瞭解此書亦有其
不可或缺的重要性。趙克生在《明朝聖諭宣講文本匯輯》中，稱
其所收《聖訓演》為「根據北京大學圖書館收藏明朝嘉靖時期的
高麗刊本整理」，[47]「高麗刊本」之說顯然有誤。

　　本書的史料，主要以《聖訓演》一書為核心內容。同時，
藉趙克生的匯輯，檢索與比對明代其他六諭宣講文本，以適時輔
以其他文本作為分析《聖訓演》時重要的參照對象，討論內容
「同」與「異」的意涵與價值。再者，透過梳理有明一代的六諭
宣講文本，可以釐清其編纂體例與形式的演變。然而，欲探討六
諭文本演繹的意涵，《教民榜文》、《大誥》、《大誥續編》、
《大誥三編》、《大明律》等與明太祖有直接相關的文獻，自然
為不可或缺的重要史料。此外，亦須旁及《明實錄》、地方志、
明人文集等文獻，期能檢視六諭於地方社會的影響及其是否有具
體實踐的重要案例。

---

[46]　孫曉，〈古代東亞的漢文獻流傳與漢籍之路的形成〉，《社會科學戰線》，11期
　　　（2017），頁113-121。
[47]　趙克生整理，《明朝聖諭宣講文本匯輯》，頁28。

第一章
教民榜文：
六諭宣講的起源與發展

勸諭保伍互相勸戒事件：「仰同保人互相勸戒，孝順父
母，恭敬長上，和睦宗姻，周卹鄰里，各依本分，各脩本
業，莫作姦盜，莫縱飲博，莫相鬪打，莫相論訴，孝子順
孫、義夫節婦，事跡顯著，即仰具申，當依條格旌賞。其
不率教者，亦仰申舉，依法究治。」
　　　　　　　　——〔宋〕朱熹，〈勸諭榜〉，《晦庵集》[1]

第一節　明代六諭的緣起

　　紹熙元年（1190），朱熹（1130-1200）到任漳州知縣，隨
即頒布〈州縣官牒〉，要求官員依令行事，意在整頓州縣事務，

---

[1]　〔宋〕朱熹，《晦庵集》（收入《景印文淵閣四庫全書》，集部第1146冊，臺
　　北：臺灣商務印書館，1983），卷100，〈勸諭榜〉，頁9a、9b、10a、10b、
　　11a。

樹立規範。[2]其中，所發布〈勸諭榜〉，除試圖改正地方風俗，提倡人倫秩序，也推廣其教化理念。從朱熹的教化理念，可見其對士人與庶民有不同期待。如其勉勵士人「讀書窮理」、「修己治人」，但卻僅要求庶民百姓能做到「孝順父母，恭敬長上，和睦宗姻，周卹鄰里，各依本分，各脩本業，莫作姦盜，莫縱飲博，莫相鬥打，莫相論訴」即可。此與儒家傳統有關，也正是朱熹「明德新民」的教化實踐方式。此外，朱熹也非常重視地方社會的禮俗教化，曾修訂呂大鈞（1029-1080）〈呂氏鄉約〉，以〈增損呂氏鄉約〉作為地方社會的禮俗規約，以期促進社會道德與社會互助。「鄉約」可說是藉由集會的方式，對民眾進行社會教育。最早可溯自北宋呂大鈞「呂氏鄉約」。至明清時普遍盛行於鄉里間。而後世的鄉約發展，亦受其影響甚深。[3]木村英一指出，明代六諭即源自朱熹任地方官時所作的〈勸諭榜〉。[4]就字

---

[2] 〔宋〕朱熹，《晦庵集》，卷100，〈州縣官牒〉，頁1a、1b、2a、2b。

[3] 有關朱熹教化理念之研究，詳參孟淑慧，《朱熹及其門人的教化理念與實踐》（臺北：臺灣大學出版委員會，2003），頁181-192、277-320。另外，關於呂氏鄉約，創立者為呂大鈞，字和叔，師從張載，能守其師說而踐履之。〔元〕脫脫等奉敕纂修，《宋史》（北京：中華書局，1977），卷340，〈呂大鈞傳〉，頁10847。呂大鈞首創〈呂氏鄉約〉，提出「德業相勵，過失相規，禮俗相交，患難相卹」，其後朱子根據〈呂氏鄉約〉原文及呂大鈞其他著作，再加上其個人意見，稍加增損，寫成〈增損呂氏鄉約〉。詳見劉真，〈宋代的學規和鄉約〉，收入錢穆，《中國學術史論集（一）》（臺北：中華文化出版事業公司，1963），頁1-27。又收於《宋史研究集・第一輯》（臺北：國立編譯館中華叢書編審委員會，1980），頁367-392。關於〈呂氏鄉約〉的考證、分析與增損。詳見楊開道，《中國鄉約制度》（濟寧：山東省鄉村服務人員訓練處，1937），頁59-150。

[4] 〔日〕木村英一，〈ジッテと朱子の學〉，《東方學報（京都）》，第22冊（京都，1953.2），頁28-58。

句上來看，兩者確有相似之處，或可視為六諭較早的起源。

曉諭榜文：政令的傳布

　　關於「諭俗文」的研究，小林義廣〈宋代の「諭俗文」〉有較詳盡的討論，他指出早於宋代之前，唐代便有以皇帝名義發布諭俗文的實例，載錄於《大唐詔令集》中。而宋代則將此諭俗的主要職責轉移至地方官員身上。[5] 熊慧嵐〈論宋代諭俗文——玉與守牧共天下〉則指出宋代的「諭俗」與「勸農」密不可分，地方官員常藉由勸農以諭俗。[6] 至於地方士人所作的「曉諭榜文」，可溯自北宋陳襄（1017-1080）於皇祐年間（1049-1053）發佈的〈勸諭文〉：

> 為吾民者，父義，母慈，兄友，弟恭，子孝，夫婦有恩，
> 男女有別，子弟有學，鄉閭有禮，貧窮患難，親戚相救，
> 婚姻死喪，鄰保相助，無墮農桑，無作盜賊，無學賭博，

5　〔日〕小林義廣，〈宋代の「諭俗文」〉，《宋代の政治の社會》（東京：汲古書院，1988），頁35-63。

6　熊慧嵐，〈論宋代諭俗文——玉與守牧共天下〉，《新北大史學》，第2期（臺北，2004），頁29-47。關於藉勸農以諭俗的例子有：南宋理學家真德秀在〈泉州勸農文〉表明「諭農因諭俗」。元代王結《善俗要義》三十三條中，前面以勸農為主，後面則主要為諭俗教民的內容，顯然其意在「課耕桑以厚民生，明教化以正民俗」。〔宋〕真德秀，《西山文集》（收入《景印文淵閣四庫全書》集部第203冊，臺北：臺灣商務印書館，1986），卷40，〈泉州勸農文〉，頁30a、30b、31a。〔元〕王結，《王文忠集》（收入《欽定四庫全書》，集部別集類，臺北：藝文出版社，1972），卷6，〈善俗要義〉，頁1-24。相關研究可參見許守泯，〈一位地方官員的日常勸農——元人王結及其《善俗要義》〉，《成大歷史學報》，第61號（臺南，2021），頁93-129。

> 無好爭訟，無以惡凌善，無以富吞貧，行者讓路，耕者讓
> 畔，班白者不負載于道路，則為禮義之俗矣。[7]

陳襄認為禮義之俗的道理在於應遵守三綱五常，濟助鄉里鄰保，不為非作歹。同時，從陳襄《州縣提綱》所作的「治縣箴言」中，表明為政應「先教化而後刑責」，[8]即可反映其制定勸諭文的理念。朱熹曾在〈揭示古靈先生勸諭文〉中為其作注，並藉其內容彰明教化，導民向善。[9]陳宓（ ？-1230）也於〈安溪縣到任諭俗文〉指出，擔心地方教化之意未明，無以導其向善之方，故採用陳襄教民之訓勸諭百姓。[10]由此，顯見陳襄〈勸諭文〉既是宋代曉諭榜文的開端，也是影響朱熹制定〈勸諭榜〉的關鍵。

在宋代諸多曉諭榜文中，尤其值得注意的是南宋理學家真德秀（1178-1235）的〈勸諭文〉，文中蘊含特別濃厚的道德倫常、家庭倫理觀念，強調鄉里社會秩序的維護：

> 凡為人子，孝敬是先，其次友愛，諧和兄弟，人非父母，
> 豈有此身，父母生兒，多少艱苦，妊娠將免，九死一生，

7　〔宋〕陳襄，《古靈集》（收入《四庫全書珍本叢書》三集，臺北：臺灣商務印書館，1972），卷19，〈勸諭文〉，頁3a、3b。

8　〔宋〕陳襄，《州縣提綱》（收入《四庫全書珍本別輯》，史部職官類，臺北：臺灣商務印書館，1975），卷1，〈勸諭文〉，頁3a。

9　〔宋〕朱熹，《晦庵集》，卷100，〈揭示古靈先生勸諭文〉，頁8a、8b。

10　〔宋〕陳宓，《復齋先生龍圖陳公文集》（收入《續修四庫全書》，第1319冊，據南京圖書館藏清抄本影印，上海：上海古籍出版社，2002），卷20，〈安溪縣到任諭俗文〉，頁512。

乳哺三年，飲母膏血，攜持保抱，日望長成，如惜金珠，
如護性命，慈烏反哺，猶知報恩，人而不孝，鳥雀不若，
兄弟之愛，同氣連枝，古來取喻，名為手足，人無兄弟，
如無四肢，痛癢相關，實同一體，長當撫幼，弟當敬兄，
或值急難，尤須救助，其次族屬，雖有親疏，論其源流，
皆是骨肉，譬如大木，枝葉分披，本同一根，氣脈未遠，
豈宜相視，便若路人，其次鄉鄰，情義亦重，患難相扶，
疾病相救，恩意往來，亦不可闕，以上四事，人道大端，
凡爾良民，首當加勉，家家孝友，人人雍和，省事息爭，
安分循理。[11]

論文中顯見其對孝敬之道、手足之情、族屬之親、鄉鄰之義甚為
重視，生而為人，皆須遵守此做人的道理，並謹記不與人爭，安
分循理，自然可為良民。同時，其〈諭俗榜文〉亦會透過一些古
代案例故事的講解，以強調其教民之理，如「昔後漢陳元為母所
訟，亭長仇香親到其家，教以人倫大義，遂為孝子」。[12]不僅真
德秀以平易近人的故事作為教民諭俗之本，原為鄭至道、彭仲剛
所作，後由應俊輯補的《琴堂論俗編》，上卷依序詳列〈孝父
母〉、〈友兄弟〉、〈教子孫〉、〈睦宗族〉、〈恤鄰里〉、

11　〔宋〕真德秀，〈勸諭文〉（收入楊一凡、王旭編，《古代榜文告示彙存》，北
　　京：社會科學文獻出版社，2006），頁33a、33b、34a、34b。
12　〔宋〕真德秀，〈諭俗榜文〉，頁28b。

〈重婚姻〉、〈正喪服〉、〈保墳墓〉、〈重本業〉，下卷則為〈崇忠信〉、〈尚儉素〉、〈戒忿爭〉、〈謹戶口〉、〈積陰德〉，並於各篇目的解釋中不時加入訓誨故事，如〈孝父母〉篇載「漢太尉胡廣八十歲時，繼母健在，他朝夕侍奉，在繼母面前不用拐杖，也不敢言老」、〈友兄弟〉篇記述「王覽爭鴆」的故事等。[13]顯示勸諭文蘊含深厚的倫常觀念，而其藉通俗故事諭民，更清楚透露宋代士人曉論百姓的教化理念。

頒行「榜諭」不僅可以推動政令的傳佈，同時，地方官員也經常透過「曉諭榜文」作為教化百姓，以及展現皇帝旨意的重要方式。[14]如成書於北宋晚期的《作邑自箴》，為李元弼（生卒年不詳）所纂輯的「為政之要」，詳載諸多鄉里規矩和勸戒等事。其中一篇〈勸諭民庶榜〉即在教誨百姓：

> 耆宿常切教誨卑幼，及誘諭鄰里眷屬等，孝順父母，友愛兄弟，和睦親知，切勿耽酒賭錢，非理非事。

13　〔宋〕鄭至道、彭仲剛編，應俊輯補《琴堂諭俗編》（收入《四庫全書珍本》初集，據故宮博物院所藏文淵閣本影印，臺北：臺灣商務印書館，1969），卷上，〈孝父母〉、〈友兄弟〉，頁1a-9b。元祐年間，鄭至道任天台縣令時首作《琴堂諭俗編》八篇，九十年後，臨海知縣彭仲剛續作五篇，又歷經約八十年後，江西瑞州府新昌縣令應俊加以評注輯補。關於《琴堂諭俗編》的討論，詳見熊慧嵐，〈論宋代諭俗文——玉與守牧共天下〉，《新北大史學》，第2期（臺北，2004），頁29-47。

14　「榜諭」為中國古代官府公布詔敕政令的一種常用文書，以出榜曉諭的形式，向民眾傳達官府的意志。州、縣官員亦藉此教化風俗、勸課農桑，作為推行地方教化的重要方式之一。詳見高柯立，〈宋代州縣官府的榜諭〉，收入袁行霈主編，《國學研究》（北京：北京大學出版社，2006），第17卷，頁77-108。

父母教訓子孫，當揀擇業次，稍有性格者，自幼便令親近好人，讀書應舉，忽爾及第，光榮一鄉，信知詩書之貴也。不能讀書，便學為農。農者，質樸悠久治身之本也。農工商販，各務勤儉，不得因循，破蕩家產，上失父母甘旨，下闕妻男衣食，一失思慮，猝難拯救。[15]

勸諭內容直指鄉里百姓應孝順父母、友愛兄弟、彼此和睦，並提醒父母教訓子孫時，須多加留意，情性天賦可以讀書者，便令其讀書應舉，不能讀書者，則使其學農，並且要求農工商販各務其業，勤儉持家。佐竹靖彥在有關李元弼《作邑自箴》的研究中指出，〈勸諭民庶牓〉的內容是透過耆宿父母對年輕人的訓誡，以及讚賞勤勉守分之民，意在凸顯對庶民的「教導勸諭」。[16]然據筆者所見，李元弼《作邑自箴》前半部分雖以一百三十餘條「為政之事」為主軸，但另有一百餘條勸戒與規範，其中的勸諭之意與其他士人所作曉諭榜文的意涵大抵相近，可見宋代士人的諭俗理念有一定程度的相互沿襲。

　　淳熙六年（1179）朱熹知南康軍時，便已經在其到任榜文中表明，要努力與地方社會溝通，他會「審實相度，多方措置」，

15　〔宋〕李元弼，《作邑自箴》（收入《四部叢刊續編》，史部，據上海涵芬樓景印宋刊本影印，臺北：臺灣商務印書館，1966），卷6，〈勸諭民庶牓〉，頁29a、29b。

16　〔日〕佐竹靖彥，〈《作邑自箴》研究——對該書基礎結構的再思考〉，收入川村康主編，《日本學者考證中國法制史重要成果選譯·宋遼西夏元卷》（北京：中國社會科學出版社，2003），頁261-295。

並加意敦勸百姓：

> 今請管下士民，鄉鄰父老，歲時集會，並加教戒，間或因
> 事，反復丁寧，使後生子弟咸知修其孝弟忠信之行，入以
> 事其父兄，出以事其長上，敦厚親族，和睦鄉鄰，有無相
> 通，患難相恤，庶幾風俗之美，不愧古人，有以仰副聖天
> 子敦厚風俗之意。[17]

朱熹除藉由到任榜文宣布政令、傾聽民意之外，也籲請鄉里百
姓在集會時，反覆叮嚀子弟應知孝悌忠信之禮，行和睦鄉鄰之
事，期使地方風教之美。朱熹的女婿黃榦（1152-1221）知臨川
縣時也作有勸諭文，勸勉百姓應「常存道心，孝順父母，友愛兄
弟，親戚鄉黨，交相和睦，利則思義，忿則思難，既無爭競，亦
無禍殃，既無妒忌，自無怨恨，心平氣和，身安家足，其可樂
哉。」[18]黃榦師承朱熹，其勸諭理念與朱氏一脈相承，自是可以
理解。但綜前所述，「孝順父母、友愛兄弟、和睦鄉里」的觀念
均不斷出現於宋代士人的「曉諭榜文」中，說明此時宋代「諭
俗」理念已漸形塑出固定的樣態。不過，至南宋晚期，也有士人

---

[17] 〔宋〕朱熹，《晦庵集》，卷99，〈知南康榜文〉，頁1a、1b、2a、3a、
3b、4a。

[18] 〔宋〕黃榦，《勉齋集》（收入《景印文淵閣四庫全書》，集部第1168冊，臺
北：臺灣商務印書館，1983），卷34，〈臨川勸諭文〉，頁15a、15b、16a、
16b。

以負面的諭俗內容警醒百姓，如紹定二年（1229年）進士高斯得觀訟牒所見「父子相殘，兄弟相賊，夫婦相棄，親戚相仇，較錙銖之財而興訟，至歷數載，因纖芥之忿而交惡」，所以，他進而勸誡百姓「毋長囂頑，毋作奸偽，毋棄禮義，毋逆倫理，毋事鬭狠，毋恣侵漁」，如此，便可使「里閭清淨，田野安生」。[19]這也反映「諭俗文」隨著時代演變，漸有不同的發展。

除此之外，至元代時，也有此類勸諭情事，如王惲（1227-1304）以「承流宣化，美厚風俗」為原則，敦諭百姓「不可因細故而致爭，比鄰共里，連鄉並黨，緩急相恤也。不可以小忿而興謗，蓋好鬭者，喪身之原，健訟者，破家之本」，唯有常懷禮讓及孝悌之心者，才能享有安順和睦及福澤富厚之樂。[20]同時，王結〈善俗要義〉中更以三十三條論民事理，使人民勤農桑、正人倫、厚風俗及遠刑罰，其中對於「敦孝悌、隆慈愛、和夫婦、尊君長、睦宗族」等事理的闡釋，可視為進一步衍申教民事理的意涵，以具體達成「明教化，以正民俗」之意。[21]顯示勸諭百姓之舉依然因襲至元代，更有士人開始解釋論民事理，以期宣明教化。不過，相較之下，受限於史料，元代相關記述較少，目前所見仍以宋代諭俗文發展最盛，而為明代所繼續承襲。

19　〔宋〕高斯得，《恥堂存稿》（收入《四庫全書珍本別輯》，集部別集類，臺北：臺灣商務印書館，1975），卷5，〈勸諭文〉，頁32a、32b、33a、33b。
20　〔元〕王惲，《秋澗集》（收入《景印文淵閣四庫全書》，集部第139冊，臺北：臺灣商務印書館，1983），卷62，〈敦諭百姓文〉，頁10a、10b、11a、11b。
21　〔元〕王結，《王文忠集》（收入《欽定四庫全書》，集部別集類，臺北：藝文出版社，1972），卷6，〈善俗要義〉，頁1-24。

綜合前述所列「曉諭榜文」的內容，可推論北宋士人對於教育百姓之道，普遍已有相近的理念。至南宋時，朱熹則將北宋以來諸多勸諭、教化理念融會貫通，制定出意涵近似的〈勸諭榜〉，作為規範地方百姓之用。又因朱熹畢生致力於推廣其教化理念，對後世影響甚大，明太祖於是借用朱熹〈勸諭榜〉中的教民理念作為明代教化百姓的「六諭」。[22]

明初禮法之治

至正二十七年（吳元年，1367），朱元璋談論治國之道時，便提及「治天下當先其重且急者，而後及其輕且緩者。今天下初定，所急者衣食，所重者教化。衣食給而民生遂，教化行而習俗美。足衣食者在於勸農桑，明教化者在於興學校。學校興則君子務德，農桑舉則小人務本。如是為治，則不勞而政舉也。」[23]可見其強調衣食和教化並重，並以此作為治國之先務。

但明教化之道在於興學，明太祖認為「學校之教，至元其弊極矣」，學校教育在元代已然名存實亡，如今京師雖有太學，但民間學校未興，應令郡縣皆立學，禮延師儒，教授生徒，以講論聖道，使人日漸月化，以復先王之舊，革汙染之習。[24]如此，方能達到明教化之效。此外，從明太祖「初定天下，他務未遑，首

---

22 〔日〕木村英一，〈ジッテと朱子の學〉，頁28-58。
23 《明太祖寶訓》（臺北：中央研究院歷史語言研究所，1967），卷1，〈論治道〉，頁3，吳元年十月癸丑條。
24 《明太祖寶訓》，卷1，〈興學〉，頁71、72，洪武二年十月辛巳條。

042　聖諭與教化——明代六諭宣講文本《聖訓演》探析

開禮、樂二局，廣徵耆儒，分曹究討。」[25]可知其對於禮樂教化特別重視，一方面為求樹立帝國威儀，另一方面則藉此以示華夷之別，試圖透過華夏禮法文化維護其統治的正當性。

明太祖一方面立法建制，陸續頒訂法律條文，以警示百姓遵守法紀，另一方面重教興學，培育人才，以普及社會教育。洪武二年（1369），監察御史睢稼即建議太祖行「古人月吉讀法之典」，命儒生凡遇月朔之時，便講讀律法，解析其義，使民通曉，以期「導民之禮法而遠刑辟」，於是奠定明初禮法之治的政策基礎。[26]明太祖在位期間，先是於洪武十八年至二十年（1385-1387）連續頒布《御製大誥》、《御製大誥續編》、《御製大誥三編》及《大誥武臣》，內容主要為洪武年間的嚴刑峻令和對臣民的訓誡，意在藉此「明刑弼教」、「懲戒奸頑」。[27]同時，也頻繁透過榜文的形式詔諭天下，先後頒布大量的「榜文」與「告示」，除申明綱常禮教和治國之道外，也重申國家法律和公佈地方官府制定的政令，以加強基層百姓的法律教育，並要求臣民一體遵守。[28]明代告示、榜文除了告誡百姓之外，也有對官員的約

---

25 〔清〕張廷玉等奉敕纂修，《明史》（北京：中華書局，1997），卷47，〈禮志一〉，頁1223、1224。

26 《明太祖實錄》，卷44，頁873，洪武二年八月戊子條。

27 「大誥」一詞語出《尚書》，即「陳大道以誥天下」之意，原為記述周公東征殷商遺民時，對臣民的訓誡。詳見楊一凡，《明大誥研究》（南京：江蘇人民出版社，1988），頁5-16。

28 官方向民眾發布並張貼的布告類文書，即可稱為「榜文」或「告示」。中國自古以來便有發布榜文、告示作為宣傳法令的悠久歷史，至宋元時期，地方官府運用榜文公告政令已很盛行。明初則沿襲前代基礎，將具有法律和教化兩種功

束，洪武年間〈到任須知〉的規定中即敘明：

> 節次聖旨制書及奉旨榜文，諭官民者若干，曾無存者若
> 干，各開為官之道，政治禁令所當先知。須考求節次所
> 奉聖旨制書及奉旨意，出給榜文，曉諭官民事件，逐一考
> 究，講解立法旨意，已未施行，中間或有損缺不存者，須
> 要採訪抄寫，如法收貯，永為遵守。[29]

可見明代對於告示、榜文相當重視，為官者需將歷年榜文、曉諭
官民事件，逐一考究，並且須對榜文瞭如指掌，才能熟習「為官
之道」。同時，太祖也要求官吏皆必須熟讀國家律令、條例，如
有不能通曉者，依律究治。[30]有的榜文懸掛於各衙門正廳，有的
則榜諭於市，可能還有一部份懸掛於「申明亭」。[31]太祖建申明
亭的用意在於「田野之民不知禁令，往往誤犯刑憲，乃命有司於
內外府州縣，及其鄉之里社皆立申明亭。凡境內人民有犯，書其
過、名於亭上，使人有所懲戒。」[32]可知懸掛榜文律令、諭民知

能的榜文、告示作為重要的官方文書，並以「榜例」為名。詳見楊一凡，〈明
代榜例考〉，《上海師範大學學報（哲學社會科學版）》，第43卷5期（上海，
2008.9），頁46-60。

[29] 《大明會典》（據萬曆十五年司禮監刊本影印，臺北：國風出版社，1963），卷
9，〈吏部八‧關給須知〉，頁6、7。

[30] 《大明會典》，卷20，〈戶部七‧讀法〉，頁22a。

[31] 黃彰健，〈明洪武永樂朝的榜文峻令〉，《中央研究院歷史語言研究所集刊》，
46：4（臺北，1974.10），頁557-594。

[32] 《明太祖實錄》（臺北：中央研究院歷史語言研究所，1966），卷72，頁1332、

法，為明初申明亭的主要職能之一，並以此警惕鄉里百姓。[33]其後，也設置「旌善亭」，於此揭示有善政之地方官員，[34]顯示太祖勸善懲惡的治理方式。

榜文諭令

在明太祖的諸多諭令中，已然透露其對於治理國家之道、教育百姓之法的「教化」觀念。早在洪武三年（1370），太祖便告誡臣民：

> 今朕為爾主，立法定制，使富者得以保其富，貧者得以全其生，爾等當循分守法，能守法則能保身矣。毋凌弱，毋吞貧，毋虐小，毋欺老。孝敬父兄，和睦親族，周給貧乏，遜順鄉里，如此則為良民。[35]

可知太祖此時已有勸諭百姓安分守法、孝敬長上、和睦親族的初步理念，強調如此方為良民。洪武二十五年（1392），太祖詔令「各處官民之家，傳誦《大誥三編》，凡遇鄉飲酒禮，一人講說，眾人盡聽，使人皆知趨吉避凶，不犯刑憲。」二十六年

1333，洪武五年二月丁未條。
[33] 張佳，《新天下之化：明初禮俗改革研究》（上海：復旦大學出版社，2014），頁273。
[34] 《明太祖實錄》，卷172，頁2632，洪武十八年四月辛丑條。
[35] 《明太祖實錄》，卷49，頁966，洪武三年二月庚午條。

（1393）時則命令「民間須要講讀大誥律令，並敕諭老人手榜見丁、著業、牌面，沿門輪遞，務要通曉法意。」[36]在完成法令的編訂，以及儀制的規範之後，太祖即開始透過里老人制度，命其於鄉飲酒禮時講讀大誥，或手持榜文挨家挨戶傳誦法令，使百姓易於通曉。洪武三十一年（1398）所頒布的〈教民榜文〉，便是彙總明太祖口諭的四十一條禁例，加以整理後刊布，[37]詳細規範地方里老制度、教化風俗及鄉里間的刑罰、訴訟等事：

> 榜文內坐去事理，皆係教民孝弟、忠信、禮義、廉恥等事。所在官吏、老人、里甲人等，當體朝廷教民之意，各宜趨善避惡，保守身家，常川遵守奉行，毋視虛文，務在實效。違此令者，各以所犯罪之。[38]

榜文內容多是教民忠孝、禮義之事，勸民遵守規範，勿違此令等勸諭。其中，深具教化意涵的「聖諭六言」為明太祖於洪武三十年（1397）宣布的諭令，後收錄於〈教民榜文〉。該條諭令即規定每里設置一個木鐸，擇年老、殘疾、不能理事或瞽目者為老人，由小孩從旁牽引，老人手持木鐸巡行鄉里，並高聲叫喚：

36　《大明會典》，卷20，〈戶部七·讀法〉，頁22a、22b。
37　在明初立法過程中，常因事立法而發布榜文禁例，為明初制度之特色。詳見連啓元，《明代的告示榜文——訊息傳播與社會互動（上）》（臺北：花木蘭文化出版社，2010），頁37。
38　〔明〕張鹵校刊，《皇明制書》（據明萬曆年間刊本影印，臺北：成文出版社，1969），卷9，〈教民榜文〉，頁19b。

「孝順父母、尊敬長上、和睦鄉里、教訓子孫、各安生理、毋作非為」，使眾人得以聽聞，藉此勸民為善，勿犯刑憲，依此方式每個月反覆宣誦六次。[39]。太祖死後，這些制度依然備受臣民重視，也反映「祖制」在明代具有相當崇高的意義與重大影響。[40]

木鐸之教

自明太祖之後，成祖亦曾重申「木鐸教民」之制，曰：

> 乙未命戶部申明木鐸教民之令，召京民耆老諭之曰：「我太祖高皇帝開創洪業，倣古為治，三十餘年，海宇寧謐，民咸樂生，尚慮教化未洽，游食者眾，自京師至於天下郡縣，皆嘗置木鐸及見丁、著業、牌〔面〕，令民每日傳遞，以知警勵，勤於生理，毋犯憲章，良法美意，可傳萬世。」[41]

永樂元年（1403），先是要求地方士人熟讀榜文律令，命令「各處教官訓導，依前教讀講解，聽候考試，其市井鄉村秀才，一體

---

[39] 〔明〕張鹵校刊，《皇明制書》，卷9，〈教民榜文〉，頁8a、8b。

[40] 「祖制」意指開國之君明太祖所制定的典章制度，如《皇明祖訓》、《諸司職掌》、《大誥》、《大明令》、《大明集禮》、《洪武禮制》、《孝慈錄》、《教民榜文》、《大明律》等。詳見吳智和，〈明代祖制釋義與功能試論〉，《史學集刊》，3（長春，1991），頁20-29。

[41] 《明太宗實錄》（臺北：中央研究院歷史語言研究所，1966），卷12下，頁215，洪武三十五年九月乙未條。

用心教訓」，如不熟讀或聽聞考試則推託不赴者，一律治罪。
緊接著於永樂十七年（1419），諭令「各處軍衛有司，凡洪武年
間一應榜文，俱各張掛遵守，如有藏匿棄毀，不張掛者，凌遲
處死」，嚴格規範須將洪武年間榜文張掛於官署及衛所，嚴禁
藏匿毀棄。此在在顯示永樂朝對洪武之制的高度重視，並將各
項規制傳布至地方社會。至成化元年（1465），命令各處修蓋榜
房，將洪武、永樂朝所頒榜文，一律謄寫張掛、諭眾知曉。四年
（1468），更規定各處有司，「每遇朔望詣學行香之時，令師生
講說大明律及御製書籍」，使官民均可通曉法律倫理。[42]由此可
推論，在太祖典制不斷被傳誦之時，木鐸之制中的六諭也在此過
程中一再被重申，並透過各地儒學教官的講讀及訓導，深入基層
教化體系。

　　宣德三年（1428），明宣宗言明「祖宗成憲，朕不敢違」，
並直接面諭京師之民，說道：「爾為民者，胥相訓告：勤務本
業，孝親敬長，和睦鄉里，不事游惰，不作淫巧，不犯憲章，則
為良民。」從宣諭的內容中，不僅顯見其視民如子，積極勸告百
姓，給予訓誨，也凸顯六諭思想一脈相承，歷朝均以此訓勉百
姓，令其拱聽聖諭。[43]除此之外，明英宗在位時，也有地方官直
指木鐸之教誠然為「化民成俗之良法也」，但在其試圖加強宣導
木鐸之制，告誡鄉里的內容中所言：

---

[42]　《大明會典》，卷20，〈戶部七・讀法〉，頁22a、22b、23a。
[43]　《明宣宗寶訓》，卷2，〈安民〉，頁123，宣德三年三月乙未條。

近歲以來，木鐸之教不行，民俗之偷日甚，乞令天下鄉里仍置木鐸，循行告戒，庶人心有所警省，風俗日歸於厚。[44]

其後，景泰二年（1451）中進士的馬文升（1426-1510）上奏議時，也指出「景泰年間，祖宗成憲，所司奉行未至，風俗漸移」，認為「法祖必先於遵舊章而守成憲」，舊章成憲即為《大誥三編》、《大明律令》、《禮儀定式》、《教民榜》等書，故必須「申明舊章以厚風俗」。[45]可知此時民間風俗已逐漸出現問題，必須重申舊章，或另行新法，才能改善這個情況。從時任贛州府興國縣知縣海瑞（1514-1587）的政令中，或可透露些許端倪，其於〈論老人〉一文指出：

近日府縣官奉行不謹，不加禮貌，遂至身充里老之人，亦自輕賤不肯學做好人，不公不法，刻剝小民，加一老人，反生一害。本縣今日省令各里里長排年地方人，推選實是年高有德之人充當斯任。照舊同里長聽各里訟。本縣隆禮

---

44 《明英宗實錄》（臺北：中央研究院歷史語言研究所，1966），卷101，頁2049，正統八年二月乙卯條。

45 〔明〕馬文升，《馬端肅奏議》（收入《文淵閣四庫全書》，第427冊，據國立故宮博物院藏本影印，臺北：臺灣商務印書館，1983），卷10，〈申明舊章以厚風化事〉，頁3-5。

相待，不敢如前輕視爾等。爾等身為老人，須慎自愛惜，不可妄取小民一分一釐一升一合。公直存心，均平處事，捧聖諭「孝順父母，尊敬長上，和睦鄉里，教訓子孫，各安生理，毋作非為」六事，朝夕為爾里內之人勸諭，必使遵行。[46]

可見里老人不愛惜自重，剝削百姓，反倒成為鄉里之害，木鐸之教形同具文。此即說明明代中期里老人制度已然崩壞。

　　綜上所述，關於「論俗文」的發展，最早源自於北宋以來理學家在地方任官時的社會實踐，盡一己之力，期許得以化民成俗。有宋一代，士人對於教民理念已有相近的看法，直至朱熹時廣為發揚，使後代深受其影響。明代初立之時，明太祖有鑑於前代社會風氣敗壞，力圖恢復先王之治，以「明教化，知禮法」作為首要推行之政務，藉以教民的過程中，屢見其立法建制，勸善懲惡，以奠定社會控制、地方教化之基礎。同時，以里甲、老人之制維護地方社會秩序，其中，六諭即循南宋朱熹勸諭之方所形成，並定為開國典制，以此傳誦終明一代。惟明中期以後，木鐸之教的功能逐漸式微，進而使宣誦六諭之型態逐步產生變化。

---

46 〔明〕海瑞，陳義鍾編校，《海瑞集（上冊）》（北京：中華書局，1962），〈諭老人〉，頁214、215。

第二節　六諭宣講形式的變遷

嘉靖八年（1529），兵部侍郎王廷相（1474-1544）見民間天災旱荒嚴重，預備倉積糧不足，上奏請設義倉，認為義倉可以「寓保甲以弭盜，寓鄉約以敦俗」，又在談及義倉具鄉約教化的功效時提出：

> 每月朔望日一會，在村鎮者以土地神為主，在城市者以城隍神為主，至期設神位香案，社首、社正率一會之人，詣神位前上香奠酒，行再拜禮畢，社首以下各序長幼，立於神位兩旁，社副出於社末，中立，向神讀太祖高皇帝〈教民榜文〉，云：「孝順父母，尊敬長上，和睦鄉里，教訓子孫，各安生理，毋作非為」。讀畢，再讀曰：「凡我同會之人，能遵聖教者，神必降之福，有違聖教者，神必降之禍，慎哉！慎哉！」[47]

說明每月朔望各舉行一次鄉約會講，並由社首率約眾一同誦讀太祖高皇帝六諭。職是之故，以致於戶部題准：「每州縣村落為會，每月朔〔望〕日，社首社正，率一會之人，捧讀聖祖教民榜文，申致警戒。有抗拒者，重則告官，輕則罰米，入義倉以備

47　〔明〕王廷相，《浚川奏議集》（收入《四庫全書存目叢書》，集部第53冊，臺南：莊嚴文化事業公司，1997），〈乞行義倉疏〉，頁466-471。

賑濟。」[48]因此，王廷相的上奏可說是推動六諭融入鄉約會講之關鍵。再加上嘉靖十九年（1540），監察御史舒遷強調鄉約的推行，並以「立鄉約以厚風俗」作為教化之道。[49]自此之後，以鄉約治民之法，便開始廣為地方官員及士大夫所推行。地方上的鄉約漸與六諭相互結合，也使得六諭宣講的方式產生轉變。

明代「中」期的六諭

　　自明代中期里老制度崩壞，木鐸之教不行以來，陸續出現改以鄉約作為教化風俗的方式。[50]此時，鄉約中寓有六諭或透過六諭勸民教化的型態、先後出現的時間紛繁並陳，情況不一。如弘治年間，文林（1445-1499）任溫州知府時，曾推行鄉約之法，並試圖以此約束族人，頒行《教民榜》、《白鹿洞規》、《古靈先生勸諭》、《溫公居家雜儀》，以行教化之事。[51]但具體規範中仍以「每鄉每保各置木鐸一個，令耆民照依太祖高皇帝舊制」，[52]可知此時同為里甲老人「持鐸循道」的宣誦型態。

48　《大明會典》，卷20，〈戶部七・讀法〉，頁23b。每月朔日應為朔望日，疑史料缺漏。

49　《明世宗實錄》（臺北：中央研究院歷史語言研究所，1966），卷239，頁4854，嘉靖十九年七月戊戌條。

50　明中期以後，里甲制的鬆弛與解體，使其機能漸為鄉約、保甲所取代。詳見〔日〕井上徹，〈黃佐『泰泉鄉礼』ノ世界──鄉約保甲制ズ關連ウサ〉，《東洋學報》，67卷，第3・4號（東京，1986.3），頁81-111。

51　〔明〕文林，《文溫州集》（收入《四庫全書存目叢書》，集部第40冊，據明刻本影印，臺南：莊嚴文化事業公司，1997），卷8，〈溫州重脩鄉約序〉，頁19a、19b。

52　〔明〕文林，《文溫州集》，卷7，〈保障生民帖文〉，頁11b。

其後，正德、嘉靖年間，其實已有不少早期鄉約的發展，如潞州仇楫、仇森、仇樸、仇桓、仇欄兄弟所行〈雄山鄉約〉、安陽高陵呂柟（1479-1542）〈解州鄉約〉、祁門人余光行於〈河東運城鄉約〉及安邑張良知〈許昌鄉約〉等。[53]其中，正德六年（1511），〈仇氏家範〉中曾以舉行《藍田呂氏鄉約》和刊印《太祖高皇帝訓辭》，家給一冊，諷誦體行，作為治家之法。[54]但未言明如何宣講六諭，僅知已於鄉約舉行之時，發給每戶一本《太祖高皇帝訓辭》，以規範族眾。

正德十五年（1520），王守仁（1472-1529）所頒〈南贛鄉約〉，明顯具有太祖六諭的痕跡，其內文指出：

> 今特為鄉約，以協和爾民，自今凡爾同約之民，皆宜孝爾父母，敬爾兄長，教訓爾子孫，和順爾鄉里，死喪相助，患難相恤，善相勸勉，惡相告戒，息訟罷爭，講信修睦，務為良善之民，共成仁厚之俗。[55]

雖未直接點出「太祖高皇帝」或「聖諭六言」之名，但仍將鄉約

---

53 關於明代中期山西、河南地區所行鄉約，詳見朱鴻林，〈明代中期地方社區治安重建理想之展現——山西河南地區所行鄉約之例〉，收入氏著，《致君與化俗：明代經筵鄉約研究文選》（香港：三聯書店，2013），頁117-150。

54 〔明〕何塘，《柏齋集》（收入《四庫全書珍本叢書》六集，臺北：臺灣商務印書館，1973），卷5，〈三晉第一家序〉，頁25b、26a。

55 〔明〕王陽明著，王曉昕、趙平略點校，《王文成公全書》（北京：中華書局，2015），頁727。

與六諭結合，期以發揮勸善規過的教化作用。[56]但其主要型態，仍是以《藍田呂氏鄉約》為本制訂而成。不過，王守仁〈南贛鄉約〉的推行，確是使其後鄉約發展越趨盛行的原因之一。[57]葉春及（1532-1595）曾謂：「嘉靖間，部檄天下舉行鄉約，大抵增損王文成公之教」。[58]明末陳龍正（？-1634）纂輯《陽明要書》時亦直言「鄉約莫詳於此」。[59]顯然王守仁〈南贛鄉約〉於明代鄉約發展中深具重要性。而王守仁的門生鄒守益（1491-1562）於〈敘永新鄉約〉中認為六諭有「遷善改過，潛移默化」的功效，並說道：「詢于大夫士之彥，酌俗從宜，以立鄉約。演聖諭而疏之，凡為孝順之目六，尊敬之目二，和睦之目六，教訓之目五，生理之目四，毋作非為之目十有四。市井山谷之民咸欣欣然服行之。」[60]說明此時已將六諭疏之為目，行於鄉約之中，並已開始對六諭進行初步的疏解。

　　至嘉靖四年（1525），呂柟行〈解州鄉約〉時所制定：

---

[56] 吳震，《明末清初勸善運動思想研究》（臺北：臺灣大學出版中心，2009），頁45。

[57] 常建華，《明代宗族研究》（上海：上海人民出版社，2005），頁201-209。

[58] 〔明〕葉春及，《石洞集》（收入《四庫全書珍本叢書》五集，臺北：臺灣商務印書館，1974），卷7，〈惠安政書九·鄉約篇〉，頁1b。

[59] 〔明〕王守仁撰，陳龍正輯，《公移告諭五種》（收入楊一凡、劉篤才編，《中國古代地方法律文獻》，甲編第2冊，北京：世界圖書出版公司，2006），〈南贛鄉約〉，頁411。

[60] 〔明〕鄒守益，《東廓鄒先生文集》（收入《四庫全書存目叢書》，集部第65冊，據北京大學圖書館藏清刻本影印，臺南：莊嚴文化事業公司，1997），卷1，〈敘永新鄉約〉，頁42a、42b、43a。

諸耆老善人，每朔望或七八日到書院，可將《大誥》並律
令及《藍田呂氏鄉約》、《日記故事》、近日本府發下
《諭俗恒言》，摘其開心明目，關係身家風化，孝如曾參
酒肉、伯俞泣杖，悌如田真荊樹，友如管鮑分金，化盜如
陳寔、王烈等。類一一俗語講譬，令其歸里，轉化鄉村街
坊及家人子孫。其年五六十歲以上者，令坐聽；三四十以
下者，立聽。後講之日，令報化過人數及不改過之人，本
職量行勸懲。若有不順梗化之人，定依《大誥》、律令，
申稟上司究治。[61]

呂柟所作〈解州鄉約〉，已然開始實行鄉約會講，講解文本有
《大誥》、《藍田呂氏鄉約》、《日記故事》、《諭俗恒言》
等。其中較特別之處為述及《日記故事》中淺顯易懂之古代案
例故事，意在通俗易曉，使百姓教化改過。惟仍未以六諭作為
主要強調之內容。直到嘉靖三年（1524）浙江淳安知縣姚鳴鸞
（1487-1529）才首度在政令中明確指出六諭，使民誦習之，並
附有簡短的解釋。[62]而嘉靖六年（1527），安溪知縣黃懌制定讀
約之法：

---

[61] 〔明〕呂柟，《涇野先生文集》（收入《四庫全書存目叢書》，集部第61冊，據
明嘉靖三十四年于德昌刻本影印，臺南：莊嚴文化事業公司，1997），卷20，
〈致書解梁書院辰王二上舍〉，頁46a、46b。

[62] 〔明〕《淳安縣志》（收入《天一閣藏明代方志選刊》，據明嘉靖刻本影印，上
海：上海古籍書店，1981），卷1，〈風俗〉，頁5b、6a、6b。

聖諭及做藍田呂氏古靈陳氏作鄉約一篇，頒示居民讀約
法。首讀聖諭，曰：「孝順父母，尊敬長上，和睦鄉里，
教訓子孫，各安生理，莫作非為。」次讀《藍田呂氏鄉
約》，曰：「德業相勸，過失相規，禮俗相交，患難相
恤。」次又讀《古靈陳氏教詞》，曰：「為吾民者，父義
母慈，兄友弟恭子孝，夫婦有恩，男女有別，子弟有學，
鄉閭有禮，貧窮患難，親戚相救，婚姻死喪，鄰保相助。
無墮農業，無作盜賊，無學賭博，無好爭訟，無以惡凌
善，無以富吞貧，行者讓路，耕者讓畔，斑白者不負載於
道路，則為禮義之俗矣。」終讀《本縣禁約》：「一禁火
葬，二禁賭博，三禁教唆詞訟，四禁投獻田地，五禁男女
混雜，六禁僧道娶妻，七禁私開爐冶，八禁盜宰耕牛，九
禁偽造假銀，十禁般演雜劇，十一禁社保受狀，十二禁教
讀鄉談，十三禁元宵觀燈，十四禁端午競渡，是皆責之約
正，用以督勸。」[63]

此時明太祖六諭已明顯見於鄉約之中，連同宋代《藍田呂氏鄉
約》、《古靈陳氏教詞》及該縣禁約，一併納入讀約內容，以教
化鄉里百姓。同時，從文中得知，鄉約體例大多會將規範析為條

---

[63] 〔明〕《安溪縣志》（收入《天一閣藏明代方志選刊》，第33冊，據寧波天一閣藏
明嘉靖刻本影印，上海：古籍書店，1972），卷1，〈地輿類‧鄉里〉，頁14b。

目，再分別疏解其內容。

由前述可知，嘉靖初年以前，六諭大多附載於教民榜文或地方官員的勸諭之中，仍未將六諭在鄉約中進行宣講。相較之下，《藍田呂氏鄉約》、《古靈陳氏教詞》等宋代鄉約、勸諭之文，則時常出現在明初士人文集與地方志中，顯見應已備受明代前期士人的關注。

明中期以後的六諭宣講

自嘉靖八年王廷相的上奏經皇帝批准以後，鄉約的發展越趨盛行，嘉靖三十五年（1556）進士耿定向（1524-1597）已明確肯定鄉約的作用：「禁姦止亂，莫善於保甲，維風導俗，莫善於鄉約」，[64]說明行保甲之意為求禁姦止亂，而實施鄉約則意圖維風導俗，兩者意涵相互呼應。六諭在鄉約中的地位與日俱增，諸多鄉約皆以六諭作為勸勉同約百姓的諭文，甚至進行宣講聖諭的儀式。如黃佐（1490-1566）的《泰泉鄉禮》，約正率同約者對里社之神宣誓：

> 自今以後，凡我同約之人，祇奉戒懼，孝順父母，尊敬長
> 上，和睦鄉里，教訓子孫，各安生理，毋作非為。遵行四
> 禮條件，毋背鄉約，齊心合德，同歸於善。若有二三其

---

64 〔明〕耿定向，《耿天台先生文集》（收入《明人文集叢刊》，第1期，臺北：文海出版社，1970），卷18，頁12a。

心，陽善陰惡者，神明誅殛。[65]

除要求同約百姓遵守六諭之外，須齊心協力、共同維護鄉約。此
即是藉鄉約儀式的神聖性，強調六諭的重要性，以約束眾人。同
時，黃佐也指出近來有傷風教之事日增，故勸勉鄉里百姓，安分
守己，做一個良民：

> 上司深愛爾民做好人，幹好事，孝順父母，尊敬長上，和
> 睦鄉里，教訓子孫，守本分業，為太平民，不犯刑條，何
> 等快活，不致禍敗，何等安康。[66]

甚至於其後開示「論俗六條」及「勸民二事」，期於鄉里風化有
所裨益。可知士人對地方風教十分重視，不僅制定鄉約以化俗，
更透過六諭的意涵勸諭鄉里。

　　此外，在地方官員的政令中，也時常言及六諭，如薛應旂
（1500-1574）任浙江慈谿縣知縣時，曾言道：「民間有孝敬父
母，友愛兄弟，親厚宗族，和睦鄉里，具有實跡者，本職訪知，
量加優賞。」[67]藉此鼓勵民間能遵行六諭之教。其中，值得注

---

[65] 〔明〕黃佐，《泰泉鄉禮》（收入《四庫全書珍本叢書》四集，臺北：臺灣商務
印書館，1973），卷2，〈鄉約〉，頁17a、17b。

[66] 〔明〕黃佐，《泰泉鄉禮》，卷3，〈論俗文〉，頁13a、13b。

[67] 〔明〕薛應旂，《方山薛先生全集》（收入《續修四庫全書》，集部別集類第
1343冊，據上海圖書館藏明嘉靖刻本影印，上海：上海古籍出版社，2002），卷
53，〈曉諭齊民〉，頁1a、1b。

意的是，葉春及（1532-1595）在隆慶四年（1570）至萬曆二年
（1574）任惠安知縣時推行鄉約，提及「以六諭道萬民，一曰孝
順父母，二曰尊敬長上，三曰和睦鄉里，四曰教訓子孫，五曰各
安生理，六曰毋作非為，諸臣多有解，不錄。聖謨洋洋，嘉言孔
彰，何解為。以四禮齊萬民，一曰冠，二曰婚，三曰喪，四曰
祭。」[68]文中稱「諸臣多有解」說明此時已有諸多士人開始闡釋
六諭。井上徹指出，葉春及於惠安所行鄉約，大致是根據黃佐
《泰泉鄉禮》所制定。[69]如此處所述「四禮」，便與前述《泰泉
鄉禮》中「遵行四禮條件」所指相同，而黃佐的四禮又「俱依文
公家禮」，顯然仍受朱熹教化理念的影響甚深。

　　與此同時，明代士人已開始在鄉約中宣講六諭，並透過講
解六諭的涵義，對鄉里百姓進行規範，較顯著的例子是嘉靖二十
三年（1544）理學家湛若水（1466-1560）致仕後於廣東增城所創
行〈沙堤鄉約〉（又稱沙堤聖訓約），約中規定須恭讀太祖高皇
帝「聖訓」，接著再讀明世宗對承天府百姓的「宣諭」：「各要
為子的盡孝道，為父的教訓子孫，長者撫那幼的，幼的敬那長
的，勤生理，做好人，依我此言語，欽此。」[70]明顯可見，太祖

68　〔明〕葉春及，《石洞集》（收入《四庫全書珍本叢書》五集，臺北：臺灣商務
　　印書館，1974），〈惠安政書九・鄉約篇〉，卷7，頁4a、4b。

69　〔日〕井上徹，〈黃佐『泰泉鄉礼』ソ世界──鄉約保甲制ズ關連ウサ〉，頁
　　106。關於黃佐《泰泉鄉禮》中「四禮」的敘述，詳見〔明〕黃佐，《泰泉鄉
　　禮》，卷1，〈鄉禮綱領〉，頁8a-15b。

70　〔明〕湛若水，《聖訓約》（明嘉靖二十三年刻本，不分卷，臺北：國家圖書館
　　善本室藏），頁25b、26a。相關研究可參見朱鴻林，〈明代嘉靖年間的增城沙
　　堤鄉約〉，《燕京學報》，新8期（北京，2000.5），頁107-159。

六諭至嘉靖朝依然奉行，也重新制定較淺白的解釋，一同於鄉約中宣講。此外，嘉靖四十二年（1563），同為理學家的羅汝芳（1515-1588）任寧國知府時，也曾大力宣揚六諭並詳細闡述各諭的意涵。其《寧國府鄉約訓語》中，除了對「六條聖諭，細演其義」之外，更期許「會眾等仰悉高皇帝教民至意，將以前六條躬行實踐，又將〈呂氏鄉約〉四句相兼著體會而行，則人人皆可為良民，在在皆可為善俗。」[71]可知羅汝芳認為六諭與呂氏鄉約的規範並無不同，其實可相互影響。重要的是，他期許會眾皆能明白太祖高皇帝教民之意，故鉅細靡遺的解釋六諭，期使善俗遍布鄉里。

不僅如此，明代江右王門學者章潢（1527-1608）也以六諭為重點舉行鄉約，並加上朱子《增損藍田呂氏鄉約》的「四言」：

> 凡鄉約一遵太祖高皇帝聖訓：孝順父母，尊敬長上，和睦鄉里，教訓子孫，各安生理，毋作非為六言。各處訓釋非一，言雖異述，義則同歸，每會舉一處所，釋者徐讀而申演之。又依朱子《增損藍田呂氏鄉約》四條：德業相勸、過失相規、禮俗相交、患難相恤。四言各具條件，定為約規。[72]

---

71 〔明〕羅汝芳，《聖諭演》（收入趙克生整理，《明朝聖諭宣講文本匯輯》，哈爾濱：黑龍江人民出版社，2014），頁104-106。

72 〔明〕章潢，《圖書編》（收入《四庫全書珍本叢書》五集，臺北：臺灣商務印書館，1973），卷92，頁20。

明顯可見其中承繼王守仁《南贛鄉約》的內涵，但已明確指出鄉約中均遵守太祖高皇帝聖訓，並融入朱子《增損藍田呂氏鄉約》。尤其特別之處為，章氏將太祖高皇帝的「六言」與朱子《增損藍田呂氏鄉約》的「四言」，並行於鄉約規範之中。可推論至明代晚期，士人已將深具教化之意的六諭和朱子《增損藍田呂氏鄉約》歸納為教化鄉里不可或缺的教條。章潢所作《圖書編》中，也各有一則〈聖訓解〉和〈聖訓釋目〉，分別解析每個聖訓的意旨，再列舉該聖訓的釋目，以便鄉里百姓了解六諭的意涵。值得注意的是，〈聖訓釋目〉分別對六諭列出詳細的解釋條目，尤以「毋作非為」詳列十六條釋目之多，明顯著重於對鄉人勿為非作歹的約束與規範。

此外，深受王學影響的王宗沐（1524-1592）於隆慶年間任廣西左布政使時，也曾推行十家牌法和鄉約，命父老子弟「務要遵太祖皇帝榜諭，父慈子孝，兄友弟恭，夫和妻隨，長惠幼順」，小心奉行官法，勤儉以守家業，不因小事忿爭以致興詞訟，不耽於逸樂而驕奢，見善互相勸勉，見惡互相懲戒，吉凶相助，疾病相扶，出入相友，務興禮讓，以厚風俗。[73]值得注意的是，此處所說的「太祖皇帝榜諭：父慈子孝，兄友弟恭，夫和妻

---

[73] 〔明〕王宗沐，《敬所王先生文集》（收入《四庫全書存目叢書》，集部第111冊，據明萬曆元年劉良弼弼刻本影印，臺南：莊嚴文化事業公司，1997），卷28，〈行十家牌檄〉，頁24a-27b。關於王守仁〈十家牌法〉的內容，詳見〔明〕王守仁，《王陽明全書（三）》（臺北：正中書局，1954），卷1，〈十家牌法告諭各府父老子弟〉，頁195、196。

隨，長惠幼順」，實為王守仁〈十家牌法〉的內容，但他誤將太祖六諭與十家牌法的內容相混，或許是受到王守仁將六諭與鄉約結合後的影響所致。

如前所述，明代中期以降，地方官員及士大夫所推行的鄉約內容，融入六諭的情形已十分普遍，同時，已經開始對六諭進行大量的解釋與演繹，甚至為加強風教，後來更加入「善惡報應」的果報思想。隆慶年間進士方揚所作〈鄉約示〉曾提及每月初二、十六，查集鄉民，講明聖諭，「雜以為善陰騭、為惡陰報等言」，令百姓通曉，一方面申明孝悌之義，儆以律例之條，另一方面則利害並陳，禍福俱列，即便是鄉鄙小民，目不知書者，亦將聞言醒心。[74]顯然鄉約會講中，除宣講六諭之外，也宣揚「善惡果報」的思想，期使惡者警惕，善者感發。再者，萬曆十七年（1589）進士吳仁度任地方官時所頒〈約束齊民告示〉說道：「往昔家書聖諭，巷守王言，木鐸傳聲，提醒老人，五鼓明宣，今則敝屣大訓，跳梁宏綱，視孝悌為塗羹等，章程為桎梏浸假，而少凌長，子毆親，犯義滅倫，幾胥中國為夷狄，同人道於馬牛，司風俗者能無蒿目之憂乎？」[75]文中指出以往宣明聖諭以善化風俗，今已漸將聖訓棄如敝屣。

---

[74] 〔明〕方揚，《方初菴先生文集》（收入《四庫全書存目叢書》，集部第156冊，據明萬曆四十年方時化刻本影印，臺南：莊嚴文化事業公司，1997），卷16，〈鄉約示〉，頁25a、25b。

[75] 〔明〕吳仁度，《吳繼疏先生遺集》（收入楊一凡、王旭編，《古代榜文告示彙存》，北京：社會科學文獻出版社，2006），第1冊，〈約束齊民告示〉，頁575-577。

至明末時，對六諭的認同更是與日俱增，如高攀龍（1562-1626）〈家訓〉中所言：「人失學，不讀書者，但守太祖高皇帝聖諭六言：『孝順父母，尊敬長上，和睦鄉里，教訓子孫，各安生理，毋作非為』。時時在心上轉一過，口中念一過，勝於誦經，自然生長善根，消沉罪過。」[76]他甚至認為六諭的作用大過於誦念佛經，時時默想口誦，自然可消除罪過、生長善根。同時，高攀龍更將六諭編入其同善會講語中以勸人為善：

> 這箇同善會專一勸人為善，所以勸人為善者，且不要論善是決當為、惡是決不當為的道理，中間極有大利害，不可不知。我等同縣之人，若是人人肯向善，人人肯依著高皇帝六言：「孝順父母，尊敬長上，和睦鄉里，教訓子孫，各安生理，毋作非為」，如此便成了極好的風俗。[77]

　　可見士人對六諭的重視，也因士人的推廣，進而衍申其義，使得演繹六諭的文本越發繁盛。如明末清初范鋐的《六諭衍義》，更是長篇大論闡析何謂六諭，其自序曾言明主要目的：

> 雖然六諭之講，木鐸之設，皆當事者之任，非余所可言者，余恐窮鄉僻壤，長幼男婦，竟不知有此等紀綱法度，

---

[76] 〔明〕高攀龍，《高子遺書》（收入《景印文淵閣四庫全書》，集部第1292冊，臺北：臺灣商務印書館，1983），卷10，〈家訓〉，頁94a。

[77] 〔明〕高攀龍，《高子遺書》，卷12，〈同善會講話三條〉，頁33b、34a。

余因是急思編刻《六諭衍義》，各附律例於左。余之立意，惟以去薄從厚、型仁講義為本，聊以代木鐸老人，庶頹風可挽，以補其不及，務使家喻戶曉，人人長厚，以去其澆漓。[78]

從序文中得知，范鋐擔心六諭之教無法廣布於所有鄉里之間，並認為如今雖以傳六諭為首務，但畢竟講者少而不講者多，就算有講六諭者，也不過是虛應故事，故特意編纂《六諭衍義》，期使家喻戶曉、去其澆漓，以厚風教。其中較特別的是，《六諭衍義》「附以律例，仿古月吉讀法」，藉律例森嚴警醒世人，並附上古代善惡報應故事，以及演繹六諭的詩歌。顯示明末宣講文本已兼有大明律例、善惡果報故事及平易近人的詩歌之型態。范鋐《六諭衍義》影響深遠，後來甚至傳入日本，於享保六年（1721）由德川幕府下令將《六諭衍義》翻譯為和文版本的《六諭衍義大意》，作為矯正風俗、教導忠孝的課程教材。[79]

綜上所述，可知六諭宣講終明一代的發展歷程，已從單純二十四字六諭的宣誦，轉變成大量衍申各諭意涵的宣講文本。至明中期以後，漸與鄉約結合，並發展出諸多六諭宣講文本。由此，亦可確定明代六諭宣講形式之變遷，大體可以嘉靖朝作為一個分

---

[78] 〔明〕范鋐，《六諭衍義》（收入趙克生整理，《明朝聖諭宣講文本匯輯》，哈爾濱：黑龍江人民出版社，2014），頁240-277。
[79] 潘朝陽主編，《跨文化視域下的儒家倫常（上）》（臺北：臺灣師範大學出版社，2012），頁266。

水嶺。[80]不過,明代六諭的推行實際上可分為三種形式:一是地方士人將六諭納入家訓之中,並以鄉約的形式施行於宗族,二是理學家於地方任官或致仕鄉居時所作六諭宣講文本,三是地方官員藉六諭以作為教化百姓的規範。第一種即「宗族鄉約化」以後發展而成的型態,後兩種則為士大夫居官時的教化文本。但在諸多地方官員及士人所作六諭宣講文本中,除了明末大量出現各種宣講文本的類型之外,尤其值得思考的是,在六諭宣講發展較早的階段,如何形塑出疏解六諭的內容,以及較早纂成的六諭宣講文本,如何由地方官員推行於鄉里社會。其中,成書於嘉靖十五年(1536)的《聖訓演》,便是值得深入探究的文本個案。

---

[80] 趙克生,〈從「木鐸宣誦」到「鄉約會講」:明代地方社會的聖諭宣講〉,《史學月刊》,第1期(河南,2012),頁42-52。

第二章
聖明之治：《聖訓演》的編纂

蓋自夫聖訓之垂世也，世皆欽遵之而獻臣為甚。有注而行
於巡撫時者，三原王端毅公臣恕是也；有贊而行於司寇時
者，靈寶許太宰公臣讚是也；有錄注及贊而又附以古今嘉
言善行行於巡按時者，淳安御史唐子臣錡是也。

——馬理，〈聖訓演序〉

第一節　編纂及注疏者簡介

　　關於《聖訓演》一書的由來，馬理（1474-1556，正德9年進
士）〈聖訓演序〉中曾作出解釋，「聖訓」之意為「我聖祖高皇
帝之訓，所謂教民義者是也」。他認為「皇極之敷言，簡而盡，
近而遠，易而難」，並以「孝順父母、尊敬長上、和睦鄉里、
教訓子孫、各安生理、毋作非為」六言鼓舞世人，藉此「包乎
天下，無遺道矣」。接著指出「演」的過程，由時任巡撫王恕
（1416-1508）為之作注解，時任刑部尚書許讚著贊語，後則在

巡按陝西監察御史唐錡的指示下，收錄注解和贊語之外，又附加古今「嘉言善行」，並以「聖訓演」為名編纂成書。《聖訓演》一書共有三卷，約九十葉，由西安郡齋刊行，涇陽知縣李引之曾重刊。[1]據此，可以了解此書的命名涵義、由來，以及編纂過程，進而關注《聖訓演》這本書幾個重要相關士人之學識背景。

為《聖訓演》作贊語的許讚（1473-1548），字廷美，河南靈寶人，弘治九年（1496）進士，嘉靖八年（1529）任刑部尚書，嘉靖十五年（1536）陞吏部尚書，著有《松皋集》二十六卷。[2]馬淵昌也在討論許誥（1471-1534）的理學思想時，提及許誥之文。許進（1437-1510），官至兵部尚書，他有兩個弟弟，一即許讚，一為許論（1495-1566），亦曾官至兵部尚書，說明

1　〔明〕馬理，《溪田文集》（收入許寧、朱曉紅點校，《馬理集》，西安：西北大學出版社，2014），卷2，〈聖訓演序〉，頁273、274。關於《聖訓演》的頁數，是根據臺灣大學《北京大學圖書館藏朝鮮版漢籍善本萃編》明嘉靖年間刻本所計算。參見〔明〕唐錡纂，龔守愚編，許讚贊，《聖訓演》（收入北京大學圖書館編，《北京大學圖書館藏朝鮮版漢籍善本萃編》，重慶：西南師範大學出版社，2014）。

2　〔明〕薛應旂撰，《浙江通志（六）》（據明嘉靖四十年刊本影印，臺北：成文出版社，1983），頁1776。許讚，陝州靈寶（今河南）人，字廷美，號松皋。弘治九年（1496）進士，授大名府推官，以善辨疑案著名。嘉靖二十三年（1544），官至吏部尚書。當時嚴嵩柄政，多所請託，郎中王與齡勸許讚揭發之，嵩辨之強，帝眷嵩，反切責讚，除與齡籍。讚自是慴嵩不敢抗，亦頗以賄聞矣。嵩以讚柔和易制，引之入閣，以本官兼文淵閣大學士參預機務，政事一決於嵩，讚無所可否。久之加少傅。以年踰七十，數乞休。帝責其忘君愛身，落職閒住。歸三年卒。諡文簡。關於其生平可參見〔明〕焦竑編，《國朝獻徵錄》（收入周駿富編輯，《明代傳記叢刊》，臺北：明文書局，1991），第109冊，卷16，〈許公讚神道碑〉，頁583-585。〔清〕張廷玉等奉敕撰，《明史》（收入《百衲本二十四史》，據清乾隆武英殿原刊本影印，臺北：臺灣商務印書館，1967），卷186，列傳第74，頁30921-30922。

許氏一家皆為世宦。³目前許讚的《松皋集》僅見於日本內閣文庫。⁴《松皋集》中多數為其詩賦作品,值得注意的是,卷末收錄許讚對「聖訓」(此處即意指「聖諭六言」)的贊語,以四字為一句,成對闡析每一個聖諭的意涵。

　　疏解六諭的王恕(1416-1508),字宗貫,號介庵,晚年號石渠老人,陝西三原人,正統十三年(1448)進士,卒諡端毅。著有《介庵奏議》、《經籍格言》、《石渠意見》、《玩易意見》、《歷代名臣論諫錄》等。成化十二年(1476)授都察院左副都御史巡撫雲南,彈劾鎮守雲南的太監錢能,此舉使王恕「威行徼外,黔國以下咸惕息奉令,疏凡二十上,直聲動天下」。《明史》稱其性格「剛正清嚴,始終一致」,敭歷中外五十餘年,以直言諫諍聞名。時人的歌謠云:「兩京十二部,獨有一王恕」,意指朝廷之中唯王恕遇義敢為,無少顧忌。⁵朝中大臣更以「國朝第一正人」稱之。⁶弘治六年(1493),王恕致仕回歸故里,閉戶讀書,著書立說,創立以程朱理學為宗的「三原學

3　〔日〕馬淵昌也,〈許誥與明清時期人性論的發展〉,收入〔日〕溝口雄三、〔日〕小島毅編,孫歌等譯,《中國的思維世界》(南京:江蘇人民出版社,2006),頁194-219。

4　臺灣大學圖書館有購置《松皋集》之電子資源。

5　〔明〕范淶修、章潢纂,《南昌府志(三)》(據明萬曆十六年刊本影印,臺北:成文出版社,1989),頁1176。王恕,字宗貫,三原人。正統十三年進士。由庶吉士授大理左評事,進左寺副。王恕敭歷中外五十餘年,剛正清嚴,始終一致。正德三年四月卒,年九十三。其生平可參見:〔清〕張廷玉等奉敕撰,《明史》,卷182,列傳第70,頁30874-30877。

6　〔明〕焦竑編,《國朝獻徵錄》,110冊,卷24,〈太宰王公傳〉,頁163-167。

派」。[7]王恕曾謂：「儒者之書，發明三綱五常之道，修齊治平之理，如布帛菽粟之在天地間，不可一日而無也」。[8]他在〈復學古書院記〉中也指出「書院乃儒者講學明倫之所，所以化民善俗而成才者也」，意圖興復三原縣書院講學之風，認為「父子不親，兄弟不義，鄰里不睦，乖爭凌犯，無所不至者」，皆因教化不明所致。若能復此書院，選民間俊秀講學，再申明綱常之道，知修齊之理，自然無乖爭凌犯之非。[9]由此王恕的教化理念可見一斑。

據馬理〈聖訓演序〉：「有注而行於巡撫時者，三原王端毅公臣恕是也」可知《聖訓演》中的六諭注疏由王恕所作。同時，在《陝西通志》〈太祖高皇帝教民文〉中也已明確指出《聖訓演》六諭疏解的部分為王恕所注。[10]而馬理之所以作此序，除了視聖訓為「萬世太平之要典」以外，部分原因或許源自其從學於王承裕（弘治六年進士），亦受學於王恕，受三原學派影響甚深。王承裕為王恕之子，字天宇，號平川山人，弘治六年中進士時，適逢王恕致仕歸鄉，便一同告歸侍養，閒暇時則授徒於弘道書院。後又於弘治八年（1495）出仕，歷任兵科給事中、戶部右

---

[7] 〔明〕王恕著，張建輝、黃芸珠點校整理，《王恕集》（西安：西北大學出版社，2014），〈前言〉，頁1-14。

[8] 〔明〕王恕著，張建輝、黃芸珠點校整理，《王恕集》，〈陳言聖學疏〉，頁332。

[9] 〔明〕王恕著，張建輝、黃芸珠點校整理，《王恕集》，〈復學古書院記〉，頁13、14。

[10] 〔明〕趙廷瑞修，馬理、呂柟纂，董健橋等校注，《陝西通志》（西安：三秦出版社，2006），〈太祖高皇帝教民文〉，頁791。

侍郎、南京戶部尚書等官職，直到嘉靖八年（1529）致仕，受世宗以「清平正直」褒揚。御史唐錡亦上疏曰：「古心直道偉然，有其父端毅之風，居家教人允矣，為是邦名德之望。」此外，王承裕自學習之始即好禮，經常教人以禮為先，凡弟子家有冠婚喪祭之事，必令率禮而行，又刊布〈藍田呂氏鄉約〉、〈鄉儀〉等書，令鄉人遵行之。[11]

師承王恕父子的馬理亦為三原人，字伯循，號谿田，正德九年（1514）進士。馬理原在學道書堂受講於王承裕，後因「士多就之，堂至不能容，遂設科於弘道書院」，顯示四方從遊者眾，講學之盛。[12]而習聞國朝典故與諸儒之學的馬理，深受王承裕器重，使「一時學者即以為今之橫渠〔張載〕也」。同時，楊一清（1454-1530）督學關中時，見馬理與呂柟（1479-1542）、康海（1475-1540）的文章，給予讚譽：「康之文辭，馬、呂之經學，皆天下士也。」[13]說明馬理尚未出仕，便已名揚海內及京師。其聲名甚至遠傳域外，安南貢使至京城，詢問禮部主事黃清曰：「關中馬理先生何尚未登仕籍？」黃清答道：「乃先生不仕進耳，非遴選之有失也。」[14]朝鮮使者來訪時也問：「馬主事

11　〔明〕馬理，《谿田文集》，卷5，〈南京戶部尚書平川先生王公行實〉，頁324-330。
12　〔明〕馬理，《谿田文集》，卷5，〈南京戶部尚書平川先生王公行實〉，頁325。
13　〔明〕馮從吾輯，〔清〕王心敬增輯，《關學編》（收入《四庫全書存目叢書》，史部第126冊，據清乾隆王氏家刻嘉慶七年周元鼎增刻本影印，臺南：莊嚴文化事業公司，1996），卷4，〈谿田馬先生〉，頁25b。
14　〔明〕薛應旂，〈谿田馬公墓誌銘〉，收入許寧、朱曉紅點校，《馬理集》（西

為聖朝第一人，宜加厚遇，乞頒賜所為文，使國人矜式。」[15]可見其名聲遠播，聞風傾慕者眾，也說明馬理不戀棧權位，崔銑（1478-1541）曾稱其「愛道甚於愛官」，而當世以為確論。[16]

此外，馬理特別重視禮儀之教，尤其好古《儀禮》、《周禮》，至冠婚喪祭禮時則取司馬光《家儀》、朱熹《家禮》與《大明集禮》等參用之。[17]馬理記述王承裕生平事蹟時，也特別提及三原縣士風民俗之淳美，歸功於王氏「教人以禮為先」，及刊布〈藍田呂氏鄉約〉、〈鄉儀〉等書。同時，他在呂柟的墓誌銘中認為，呂氏於解州「令諸父老講行〈太祖皇帝教文〉及〈藍田呂氏鄉約〉、〈文公家禮〉」，是使士民各安其業，具古新民之遺風的關鍵之一。[18]在〈新立社學社倉社約記〉中曾載，陝西白水縣令欲藉〈呂氏鄉約〉以禮淑民，馬理則表示政尚稽古，利在宜民，鄉里各有社學、社倉，便能教養、約束里民，以厚風俗。[19]顯然，馬理除強調禮儀的重要性之外，也重復古，肯定於

安：西北大學出版社，2014），附錄三，頁618。

[15] 原文為「高麗使至，亦問：『馬主事為聖朝第一人，宜加厚遇，乞頒賜所為文，使國人矜式。』」此處「高麗」使應有誤，應為「朝鮮」使。詳見〔清〕焦雲龍修，賀瑞麟纂，《三原縣新志》（收入《中國方志叢書》華北地方第539號，據清光緒六年刊本影印，臺北：成文出版社，1976），頁325。

[16] 〔明〕馮從吾輯，〔清〕王心敬增輯，《關學編》，卷4，〈谿田馬先生〉，頁26a。

[17] 〔明〕李開先，《閒居集》（收入《四庫全書存目叢書》，集部第93冊，據明嘉靖至隆慶刻本影印，臺南：莊嚴文化事業公司，1997），卷9，〈谿田馬光祿傳〉，頁68b。

[18] 〔明〕馬理，《谿田文集》，卷5，〈南京禮部右侍郎涇野呂先生墓誌銘〉，頁332。

[19] 〔明〕馬理，《谿田文集》，續補遺卷，〈新立社學社倉社約記〉，頁487、

鄉里之間推行宋代鄉約儀禮的效益。因此，時人甚至稱其「執禮如橫渠，論學歸準於程朱」。[20]

與馬理以經學並稱的呂柟，字仲木，陝西高陵縣人，號涇野，正德三年（1508）進士。歷任翰林院修纂、解州通判、國子監祭酒、禮部右侍郎等官職。弘治十五年（1502），呂柟卒業於國子監，期間曾與馬理同舍四年。[21]因此，趙廷瑞（1492-1551）巡撫陝西時，發現纂於成化十一年（1475）的陝西通志，已有七十年之久，且散佚罕見，便於行經三原縣時與馬理談及修志一事。馬理則推薦呂柟，邀其共同編纂。於是兩人「卜竹林祠為館，各率從遊之士，載所藏群書，肇纂述之事」。[22]可見呂柟與馬理交情深厚，並推崇彼此的學識。

嘉靖十五年，由時任巡按陝西監察御史的唐錡，收錄王恕的注疏於《聖訓演》一書。唐錡，字子薦，號池南，雲南府晉寧人，為明嘉靖五年（丙戌，1526）進士，曾任南直隸定遠縣知縣、河南按察司僉事，辦事嚴明果決，不避權勢，曾宦遊陝西，著有《池南按陝集》。[23]唐錡曾與楊慎（1488-1559）交遊，

488。
20　〔明〕馮從吾輯，〔清〕王心敬增輯，《關學編》，卷四，〈谿田馬先生〉，頁27a。
21　〔明〕呂柟，《涇野先生文集》（收入《四庫全書存目叢書》，集部第61冊，據明嘉靖三十四年于德昌刻本影印，臺南：莊嚴文化事業公司，1997），卷22，〈馬母李氏墓誌銘〉，頁2a。
22　〔明〕趙廷瑞修，馬理、呂柟纂，董健橋等校注，《陝西通志》，〈陝西通志序〉，頁1。
23　〔清〕鄂爾泰等監修，靖道謨等編纂，《雲南通志》（收入《景印文淵閣四庫

為「楊門六學士」之一，楊慎《升庵集》中提及池南「從余為詩」，又有贈唐錡詩兩首：〈為唐池南題秋江遠眺圖〉、〈登海寶寺望侍御唐池南別業因贈〉。唐錡在〈升庵長短句序〉中也敘述其與楊慎的文學交往。[24]唐錡除頗負詩才之外，亦曾讚賞王承裕「有其父端毅之風」，為是邦名德之望。[25]顯見王恕父子深受士人尊崇，在地方上深具影響力。因此，是時任職於陝西的唐錡必定對王恕的著述並不陌生，而藉其六諭注疏於地方施行教化亦絕非偶然。唐錡於〈聖訓演後序〉中闡明：

> 夫聖訓，我高皇帝所以教民。是彝是訓，昔太宰王公之注，今太宰許公之贊，備矣。其附以嘉言、善行，而詳及夫閨門之教者，則錡之意，提學副使龔君守愚成之也，然亦文也。[26]

太祖聖諭先前有王恕的疏解、許讚的贊語，本書則增補嘉言、善行事例，更詳述婦德、婦功的教化觀念，最後由陝西提學副使龔

全書》，史部第570冊，據國立故宮博物院藏本影印，臺北：臺灣商務印書館，1983），卷21，頁134。

[24] 孫秋克，《明代雲南文學研究》（昆明：雲南人民出版社，2010），頁130、131。

[25] 〔明〕馬理，《溪田文集》，卷5，〈南京戶部尚書平川先生王公行實〉，頁328。

[26] 〔明〕唐錡纂，龔守愚編，許讚贊，《聖訓演》（收入北京大學圖書館編，《北京大學圖書館藏朝鮮版漢籍善本萃編》，重慶：西南師範大學出版社，2014），頁572。

守愚協助完成此書。而唐錡之所以編纂此書，因以往宣講的內容過於深奧，發現「誦之弗知也，知之弗悟也，悟之弗行也，文具而已」。於是在鄉里間，童稚相聚，父兄教授詩書之時，使其早晚誦讀，再「徇之以木鐸，申之以告誡，風之以勸懲」，期能「率由舊章，以贊聖明之治」。[27]由此觀之，雖然六諭之教已行之有年，但似乎漸流於形式，未能實際使民通曉，並受用於鄉里。故此，唐錡加入通俗的善行故事，以及聖賢的嘉言語錄，期使有裨於地方教化的具體實踐。

龔守愚，字師顏，江西清江人，正德六年（辛未，1511）進士，曾任南京工部營繕主事、四川參議、雲南及陝西提學副使，卒於官，享年四十九。居官三十載，清廉自持，家無餘財，著有《臨江先哲言行錄》、《發軒文稿》、《發軒筆記》、《姓纂》等書。提學官除監督學政之外，也對地方士習文風擔負責任。正統元年（1436），明英宗創置提學官時，其中一條敕諭即說明提學官的職責：「學者不惟讀書作文，必先導之孝弟、忠信、禮義、廉恥等事，使見諸踐履，以端本源」。[28]因此，由身為提學官的龔守愚協助編纂《聖訓演》一書，教化基層百姓，自是理所當然。其在〈恭題聖訓演後〉一文中，明言編纂此書之深意：

[27] 〔明〕唐錡纂，龔守愚編，許讚贊，《聖訓演》，頁572。
[28] 《明英宗實錄》，卷17，頁345，正統元年五月壬辰條。關於提學官制的相關研究，可參見黃文樹，〈明代提學官制與孫應鰲〈教秦緒言〉教育訓詞探析〉，《漢學研究集刊》，第9期（雲林，2009.12），頁149-192。

我高皇帝拯溺亨屯，觀民設教，鏤榜以懸法，振鐸以警眾。宸奎所頒，約文申義，明瑩爾雅，敬敷篤敘，媲美虞周，誠所謂一道德以同俗，日遷善而不知者矣。閱歲滋久，奉行或怠，民不蹈烝，用罹于咎。[29]

明太祖設立木鐸之教，使道德風俗逐漸遷善。但日久懈怠，無法如實奉行。故援引太祖高皇帝約束，著為規款，以儆有位，以錫庶民。換言之，將太祖六諭申衍其義後，訂為條規，使民修身飭行，便能鄉里間敦厚篤實、風俗淳美。

除了由監察御史唐錡以及提學副使龔守愚編纂此書之外，推動是時地方教化的尚有蒲城縣儒學教諭徐效賢，字宗義，號凡江，四川江津人。[30]嘉靖十九年（1541）至二十年（1542）間，任高陵縣令的徐效賢曾重修祀典。[31]此外，根據馬理為澄城縣志所撰的序文載：

嘉靖己酉〔1549〕，徐令效賢。有志斯文，採獻纂編。明季庚戌〔1550〕，教宰佐營。踵徐芳躅，斯文迺成。石子道立，文發於質。聚書考索，仍恭秉筆。教諭魏孚，司訓

29　〔明〕唐錡纂，龔守愚編，許讚贊，《聖訓演》，頁575。
30　〔明〕呂柟纂修，《高陵縣志》（收入《中國方志叢書》，華北地方第541號，據明嘉靖二十年刊本影印，臺北：成文出版社，1976），頁5。
31　〔明〕馬理，《溪田文集》，搜遺卷，〈重修高陵城隍廟記〉，頁548-549。

二王。爰加較正，偕敷腎腸。谿田馬氏，覽知攸珍。是用
題辭，歸諸梓人。[32]

　　嘉靖二十八年（1549）由徐效賢、敖佐及石道立修纂澄城縣志，
值得注意的是，其中「教諭魏孚，司訓二王」的「二王」即指王
恕及其子王承裕，並遵行其聖訓注疏，再由地方教諭負責宣誦。
徐效賢任蒲城縣儒學教諭時便是扮演這樣的角色。其曾言「教民
榜文訓詞所以誘善而禁非者，皆因其良心而謹其庸行，非有高遠
之事、隱奧之詞也」，顯然太祖六諭在地方儒學教諭眼中確實具
有勸善化俗之效，也深受重視並推廣之。徐效賢也認為近世名卿
為注為贊，因略致詳，確實深切著明，有助於鄉里百姓更深刻了
解六諭的意涵。[33]
　　不僅如此，《聖訓演》一書也收錄西安府儒學教授張玠對於
婚喪禮俗，以及婦德、婦功的評論。張玠，字世奇，順天府宛平
縣人，弘治九年（1496）進士。歷任光祿寺少卿、太僕寺少卿、
都察院右副都御史等官職。[34]張玠認為婚喪禮俗為人道之終始，
不可輕忽，故自其任西安府儒學教授以來，蒐羅所見所聞敷衍其
義。[35]除了有王恕為六諭作注疏之外，也有地方儒學教授闡述對

32　〔清〕戴治修，洪亮吉、孫星衍纂，《澄城縣志》（收入《中國地方志集成・陝
　　西府縣志輯》，南京：鳳凰出版社，2007），卷20，頁197。
33　〔明〕唐錡纂，龔守愚編，許讚贊，《聖訓演》，頁472、473。
34　〔明〕雷禮纂輯，《國朝列卿記》（收入周駿富編輯，《明代傳記叢刊・名人
　　類》，臺北：明文書局，1991），第7冊，卷99，頁352。
35　〔明〕唐錡纂，龔守愚編，許讚贊，《聖訓演》，頁489。

婚喪祭儀、婦德婦功的評議。

　　綜而論之，《聖訓演》一書的編纂，名義上雖由唐錡主編，龔守愚協助修纂完成，但實際上此書收錄王恕、許讚對六諭的注疏與贊語，以及徐效賢、張玠等地方教官的論議。再加上纂成本書背後所蘊含的明代學術思想脈絡，包含王承裕、馬理、呂柟等人。據此，大致上可以釐清本書在明代的發展背景，由一群士人開展，而從王恕注疏開始，使六諭演繹融於講會、鄉約之中，並明確施行於鄉里。本書除了須歸功於編纂的地方官之外，收錄其中的內文更顯重要，或可反映是時地方教化的實際情狀。透過深入分析文本架構，可進一步瞭解本書的特色。

第二節　《聖訓演》的體例與架構

　　龔守愚在〈恭題聖訓演後〉記述此書「彪列櫛比，都為三卷，命曰《聖訓演》」。[36]意即本書共分為上、中、下三卷，篇幅遠大於其他六諭演繹文本。而各卷的體例編排、內容架構均有所不同，以下將分析外部架構及各卷體例，再與其他六諭演繹文本一同審視，進而探究本書的結構及其特色，並申論《聖訓演》在明中期以來諸多六諭演繹文本中的定位。

　　本書開卷第一頁除了「宣賜之記」與「養安院藏書」印之外，映入眼簾的便是許讚於嘉靖九年（1530）任刑部尚書時所作

---

[36] 〔明〕唐錡纂，龔守愚編，許讚贊，《聖訓演》，頁575。

的贊語，文中表明對太祖頒布六諭的看法：

> 臣讚伏觀我太祖高皇帝〈教民榜訓〉，先後六言，其於古
> 今綱常倫理、日用事物之道盡舉而無遺，斯世斯民所當日
> 夜儆省而遵行之者也。夫道二，善與不善而已矣。聖訓先
> 五言則凡善之所當為者，不可不勉；後一言則凡惡之所不
> 當為者，不可不戒。[37]

許讚先說明六諭的意涵廣泛包含古今綱常倫理，應當日夜省思並
遵守規範，而前五諭為「勉人為善」之意，後一諭則以「惡不當
為」警惕之。並表達其「仰讀聖諭，重複思繹，謹著贊語各二十
二句」，期許百姓皆能「遵聖訓，遠刑法」，以達到「聖祖舉以
教民至矣，盡矣，美矣，無復以有加矣」的理想。[38]許讚的贊語
在其著作《松皋集》中亦可得見，題為〈聖訓贊後〉，顯然應是
後來被收錄於《聖訓演》各諭的「疏解」之後，有強調「六諭」
的重要性及頌揚之意。由此可知，《聖訓演》中的贊語原先是獨
立成冊的，因唐錡欲藉此贊語行「尚德尚行之風」，便收錄於
《聖訓演》，以期達家喻戶曉之效。[39]
　　上卷的內容主要是以六諭為主軸，為每個諭進行疏解，體例

---

[37] 〔明〕許讚，《松皋集》（國立臺灣大學電子資源光碟，索書號：(DO)030.8
6008[disc117]，東京：國立公文書館，2014），卷23，頁10a。

[38] 〔明〕許讚，《松皋集》，卷23，頁10b。

[39] 〔明〕唐錡纂，龔守愚編，許讚贊，《聖訓演》，頁571。

編排則依序為王恕注疏、許讚贊語、嘉言語錄以及善行事例。卷首附有「名卿註贊」一語，為有聲望的名臣所做的注解及贊語。每個諭的注疏之前有「解曰」二字。[40]值得注意的是，上卷內容除了各諭的「疏解」、「贊語」、「嘉言」、「善行」之外，最末仍附有「增錄事類」，分別增錄「忠類」、「信類」與「婦德類」，並在各類之下以嘉言、善行描述相關情事。顯然編纂者不僅重視太祖六諭，也特意強調「忠信」與「婦德」。嘉靖朝時，《聖訓演》額外收錄忠信、婦德等事例，或可說明是時孝悌忠信與婦德女教的觀念備受重視。

中卷前半部分為「察院公移」，載錄監察御史唐錡出巡陝西後的訓誡、「為正婚喪以敦風化」之事，以及「喪約五條」，後半部分則是「鄉飲圖」、「歌〈鹿鳴〉詩三章」、「厲祭圖」，以及「祭文」。兩篇察院公移中，有蒲城縣儒學教諭徐效賢與西安府儒學教授張玠對社學鄉俗及婚喪禮儀的評議。張玠感嘆世風日下，陝之婚喪，所費不貲，甚有甘於破產以求炫耀人耳目者，指出「此察院深知其弊，布為憲條，申飭聖祖訓辭，名賢注贊，旁採古人嘉言善行，集諸簡端，復以婚喪之例斟酌垂誡於後，蓋深有意於斯民，不忍其陷溺之久也。」[41]中卷的內容主要是針對陝西地區婚喪禮俗的敗壞，藉此宣講文本訓誡地方百姓去奢返

---

[40] 陳時龍於是將王恕注疏命名為「聖訓解」。詳見陳時龍，〈聖諭的演繹：明代士大夫對太祖六諭的詮釋〉，《安徽師範大學學報》，第43卷5期（蕪湖，2015.9），頁613。

[41] 〔明〕唐錡纂，龔守愚編，許讚贊，《聖訓演》，頁504、505。

儉，以成仁厚之俗。附上鄉飲圖與屬祭圖則是為了舉行鄉約時，可以參照圖中所示的位置，而〈鹿鳴〉詩可便於百姓歌頌以及祭祀時敬聽祭文，使民知禮守禮。

下卷則包含「統論婦德」與「專論婦功」兩類，分別依時代先後擷取歷代典籍中相關之記載，並且每則記述之後皆有張玠的按語。其中，較特別的是，「專論婦功」一類所記均以蠶桑紡織的內容為主。張玠在下卷開頭即指出：

> 此卷取諸《養蒙內訓》而更定之者也。初《內訓》以四言、五言、七言散語為序，而蠶桑者，婦功之一，亦皆互置其間。今編既主於演〈聖訓〉，擇不能盡，仍其書矣。故取其統論婦德者為一類，專論婦功者為一類，惟以時代為序，蓋欲便於覽觀，非有所去取也。[42]

顯然此卷與女教有關，從內容形式觀之，應是特意依時代順序篩選婦德與婦功的內容，並在專論婦功的部分著重於蠶桑一事，除便於觀覽，也有聖訓兼重女教的用意。

本書的最末則為唐錡〈聖訓演後序〉與龔守愚〈恭題聖訓演後〉，唐錡的後序註明為嘉靖丁酉（嘉靖十六年，1537）所題，而龔守愚撰序的時間為嘉靖丙申（嘉靖十五年，1536），顯示此書應是成於龔守愚之手，後由唐錡題序。但如前所述，酒井忠夫

42　〔明〕唐錡纂，龔守愚編，許讚贊，《聖訓演》，頁515。

認為是唐錡指示龔守愚修纂成書，或可視本書為「唐錡與龔守愚共同編纂」。但目前在《北京大學圖書館藏朝鮮版漢籍善本萃編》的題解中，僅註明「許讚贊，龔守愚編」，並未提及唐錡，明顯有所誤解。

綜觀《聖訓演》上、中、下卷，體例架構均不相同，且內容分別對不同的面向有所著力，嚴格來說，可將此視為三個不同文本的結合，或可說是編者有心彙整相關記述於一。自明代中期以後，演繹六諭的文本逐漸增加，內容及用途多有不同，有的為地方士人融於鄉約之作，有的經理學家演繹後行於地方。不過，就筆者目前所見，嘉靖朝以來的六諭宣講文本，大多未如《聖訓演》一般，篇幅完整長達九十葉，並以三卷彙輯成冊。同時，也未見婚喪禮儀的正俗與女教婦德的規訓，可謂是本著作獨特之處。而且，若單論今日可見六諭演繹文本的體例架構，應可說是在《聖訓演》的基礎上所發展成形式各異的文本。倘若將諸多六諭演繹文本進行比較，並凸顯體例的變化，必須就演繹六諭的部分著手，即《聖訓演》上卷的體例架構，如此或能看出有明一代六諭演繹形式的演變歷程。以下就趙克生彙整《明朝聖諭宣講文本匯輯》所收錄的六諭文本，進一步比較其中的體例異同。

表一：六諭演繹文本體例之比較

書名	作者	成書時間	體例
聖訓演	唐錡、龔守愚	嘉靖十五年（1536）	疏解、贊語、嘉言、善行
聖諭演	羅汝芳	嘉靖四十二年（1563）	疏解
聖諭演義	湯沐、柳應龍	萬曆二十二年（1594）	疏解、大明律法、〈勸民歌〉、詩歌
聖諭碑粗解六條	鄭明選	萬曆三十一年（1603）	疏解
皇明聖諭訓解	河南布政使司	萬曆三十八年（1610）	疏解、大明律例、宗藩要例、大明會典、古今事實、報應二條、紀善簿、紀惡簿
聖訓解釋	章潢	萬曆四十一年（1613）	疏解、釋目
聖諭繹義	蕭雍	萬曆年間	疏解
聖諭講解錄	張福臻	天啟二年（1622）	疏解、善報、惡報、詩歌
聖諭俗解	郝敬	天啟三年（1623）	疏解
聖諭訓蒙	沈長卿	崇禎七年（1634）	疏解
太祖聖諭演訓	沈壽嵩	崇禎九年（1636）	上卷：疏解 下卷：善報、惡報、詩歌
六諭衍義	范鋐	享保六年（1721）	疏解、大明律、善報、惡報、詩歌

資料來源：趙克生整理，《明朝聖諭宣講文本匯輯》，哈爾濱：黑龍江人民出版社，2014。關於演繹六諭的內容，表中一律以「疏解」稱之。

　　整體而言，從上表大致可以看出明代演繹六諭體例之演變趨勢。成書時間越晚的文本，體例有較多的變化，而且疏解的內容篇幅也逐漸增加，有的甚至在疏解中便已陳述古人嘉言、講解古今事例及道理。有的則是將內容疏之為目，與鄉約結合使用，此

類運用於鄉約的體裁大多以條目的方式呈現，似有承襲〈藍田呂氏鄉約〉體例的情形。除了疏解內容的形式多元之外，顯而易見的是，加入善惡報應故事，幾乎已成定式，此或與晚明善書盛行的社會背景有關。同時，《皇明聖諭訓解》中「紀善簿」、「紀惡簿」的形式應是受功過格的影響所致。例如王守仁在關注底層社會秩序的重建時，便曾藉諭俗文強調勸善懲惡的重要性，並要求將「彰善」、「糾過」的事蹟記錄下來，以正民俗，晚明勸善運動的風氣因此逐漸形成。[43]此外，較特別的是，多種宣講文本可見節錄大明律例於其中，士人試圖藉由明代森嚴的律法以規範基層百姓，使鄉里信服。最後則是附上通俗淺白的詩歌，便於百姓明瞭其中涵義，並以此傳唱鄉里。相較之下，《聖訓演》的體例及疏解內容雖看似單調，但卻為往後的文本建立一個規制，後世在此基礎上進一步豐富六諭演繹文本的架構。《聖訓演》體例最為獨特之處在於贊語的形式為其他文本所未見，這也說明王恕疏解撰成之後，應已備受重視。

可以確定的是，目前尚未發現早於王恕的六諭疏解，同時，從嘉靖朝至明末，六諭演繹文本的體例逐漸多元化，除明顯著重於善惡果報思想之外，也出現附錄法律條例及詩歌的形式。而《聖訓演》作為早期的演繹文本，確實可成為往後形式、體例的

---

[43] 吳震，《明末清初勸善運動思想研究》，頁39-60。關於善書及功過格的相關研究，亦可參見〔日〕酒井忠夫，《增補中国善書の研究》（東京：国書刊行会，1999）。

源頭，或可說是為演繹六諭體裁奠定不可忽視的重要基礎。故此，倘若細查上表各演繹文本的內容，可以發現收錄於章潢《圖書編》〈聖訓解〉的疏解內容與《聖訓演》有很高的相似度，可推測兩者出自同源，或是章潢有沿襲《聖訓演》的可能。關於此點，陳時龍的研究已略有論及，他指出「王恕的六諭詮釋保存於兩處，一是唐錡《聖訓演》，一是章潢《圖書編》」，[44]雖未具體說明原因，但必然亦是經仔細比對後所推斷出的論點。儘管目前仍未有較直接的證據顯示兩者的關聯，但在章潢為舉行鄉約時曾說道：「凡鄉約一遵太祖高皇帝聖訓：孝順父母，尊敬長上，和睦鄉里，教訓子孫，各安生理，毋作非為。右六言，各處訓釋非一，言雖異述，義則同歸，每會舉一處所，釋者徐讀而申演之。」[45]從六諭「各處訓釋非一」可知，萬曆年間已然有多種不同解釋六諭的文本通行，而且「言雖異述」，但「義則同歸」。職是之故，六諭演繹文本的起源或彼此沿襲的情況，亦值得進一步探究。

綜合而論，《聖訓演》收錄王恕疏解、許讚贊語，以及加入嘉言、善行等事例的體裁，開創六諭文本的嶄新面貌，往後此類文本頻繁出現時，大致依此體例沿襲下去，惟因晚明社會風氣轉變之故，出現不少多元的形式。本書除體例與架構具特殊性之

---

44 詳參陳時龍，〈聖諭的演繹：明代士大夫對太祖六諭的詮釋〉，《安徽師範大學學報》，第43卷5期（蕪湖，2015.9），頁613。

45 〔明〕章潢，《圖書編》（收入《四庫全書珍本叢書》五集，臺北：臺灣商務印書館，1973），卷92，頁20。

外，仔細審視各卷內容更是不可或缺的一環，可以更加深入瞭解
其中反映的時代意涵。

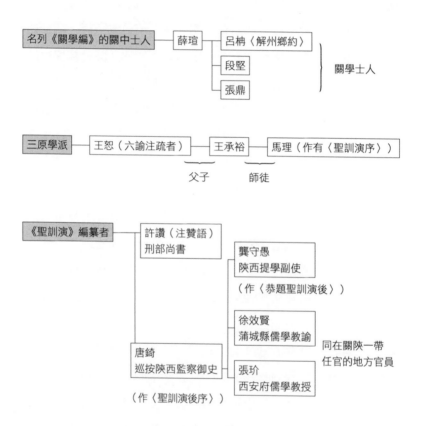

圖一：《聖訓演》與關學士人關係圖

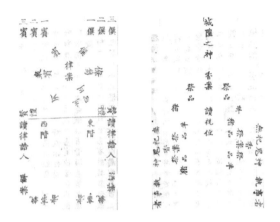

圖二：《聖訓演》中卷的〈鄉飲圖〉與〈厲祭圖〉

說明：《聖訓演》中卷附有〈鄉飲圖〉與〈厲祭圖〉，舉行鄉約時可以參照圖中所
　　　示位置行鄉飲酒禮與厲祭。[46]

---

[46]　〈厲祭圖〉中主祀「城隍之神」，與洪武初年朱元璋將城隍信仰制度化一事有密
　　切相關。於此則顯示其藉「鄉飲酒禮」的教化活動及「城隍崇祀」並行，以強化
　　統治權威。濱島敦俊，〈朱元璋政權城隍改制考〉，《史學集刊》，4（吉林，
　　1995），頁7-15。

第三章
聖訓明明：《聖訓演》的內容

聖訓先五言則凡善之所當為者，不可不勉；後一言則凡惡
之所不當為者，不可不戒。古昔帝王之治下也，其目雖
多，其要有四，曰惇典，曰庸禮，曰命德，曰討罪。典禮
者不出於綱常倫理、日用事物之外，上率之，下由之，順
則命之，逆則討之，治天下之道又豈有外於此者乎。聖祖
舉以教民至矣，盡矣，美矣，無復以有加矣。

——許讚，〈聖訓贊後〉

第一節　六諭的疏解

　　自古以來，君主對臣民的治理不外乎藉禮法與綱常約束
之。明太祖六諭便是著重於此，以勉人為善與惡不當為的措
辭，作為耳提面命的教條。透過道德教化的提倡，建立有明一
代的典制。明代中期以後，對六諭進行疏解的士大夫，多以維
風範俗為目標，並且強調對「禮」的重視。而作為教化性質的

六諭疏解文本，便是這些士人推行社會禮制的具體作法。王汎森在討論清初「禮治社會」的形成時，指出一群文人纂著各種糾正風俗的小冊子，以禮教規範人們的行為舉止。[1]如本文第二章所述，此種情形實自明中期以來便逐漸醞釀，至明末清初蔚為風潮。

關於對六諭的注疏，目前所見以王恕疏解為最早的版本，根據陳時龍的推論，王恕注疏六諭的時間應在成化年間任南直隸巡撫的時期，約莫於成化十五年（1479）正月至二十年（1484）四月之間。[2]考察王恕巡撫南直隸時的奏疏，曾作有〈陳言聖學疏〉與〈敷陳古訓奏疏〉，雖未見與六諭相關的文句，但他一方面闡明對聖學的看法，認為帝王之學並非誦說文字、講解訓詁而已，應該學二帝、三王之道，身體力行之。另一方面則敷衍古代賢臣的諫言，務求有裨於治道及國家。

據陳時龍的研究指出，成化十五年至二十年，王恕年約六十四至六十九歲，可知他為六諭注疏時已近古稀之年。王恕致仕之後，仍「復理舊學，於傳注發揮明白」，為《論語》、《孟子》等儒家典籍作注，撰成《石渠意見》一書。[3]顯示其對儒家經典的高度重視。本節以王恕注疏的六諭疏解為核心，探討其背

1 王汎森，〈清初「禮治社會」思想的形成〉，《權力的毛細管作用》（臺北：聯經出版事業公司，2013），頁83。
2 陳時龍，〈王恕的聖論六條詮釋及其影響〉，中央研究院明清研究推動委員會主辦，「明清研究」國際學術研討會會議論文，臺北，2019年8月28-30日。
3 〔明〕王恕，《石渠意見》（收入王恕著，張建輝、黃芸珠點校整理，《王恕集》，西安：西北大學出版社，2014），頁121。

後的涵義及思想。以下將針對《聖訓演》六論的「疏解」、「贊語」、「嘉言」及「善行」內容進行分析。

孝順父母

仔細考察「孝順父母」一論的疏解，可以發現其以「事奉父母而不忤逆，便是孝順父母」作為開頭語，並指出父母「生身養身，劬勞萬狀，恩德至大，無可報答」。因此，為人子女者，須以「平居則供奉衣食」、「有疾則親嘗湯藥」、「有事則替其勞苦」為首務，方能「承順父母心志」且使父母「身安神怡」。

在疏解中，王恕明確指出孝順父母的方式，也凸顯父母恩重難報，必須盡心竭力敬謹待之。特別之處為「如父母偶行一事不合道理，有違法度，須要柔聲下氣，再三勸諫」，此句與《禮記‧內則》：「父母有過，下氣怡色，柔聲以諫」意涵相近。但疏解卻多出「有違法度」一語，顯然欲強化對於父母更加敬謹的程度，就算違反法律規範，仍要柔聲勸諫，萬般包容父母的過錯。明太祖曾經在官員為父陳情贖罪時勸諭道：「汝之情固有可矜，但汝平時何不勸諫汝父，使不犯法？」[4]說明太祖的孝道觀念，便是以父母為尊，不論是否有違法之虞，仍是子女應肩負的責任。這樣的孝道觀念，在王恕作六論疏解後，以宣講文本的形式，並由地方士人不斷宣講而保存下來。現今可見之六論宣講文本，於「孝順父母」一論疏解中，大多會提及「父母有過」須和

4　《明太祖實錄》，卷215，頁3a，洪武二十五年正月甲辰條。

顏悅色予以勸諫，但指稱「父母有違法度」者，僅見於《聖訓演》王恕疏解與章潢（1527-1608）《圖書編》〈聖訓解〉，似可推斷兩者間有傳抄的可能性。[5]相較於晚明范鋐《六諭衍義》「孝順父母」的疏解，直指「養父母的身」、「安父母的心」兩件事為最主要的孝順方式，其所強調的重點與《聖訓演》「承順父母心志，使父母身安神怡」應具有一致性。[6]

其實，從明太祖將「孝順父母」作為六諭中的第一諭，已知其對孝道的宣揚與重視。已有學者論及明太祖藉六諭表述明代以孝治天下的政治理念，奠定明朝政治教化的基礎。於晚明社會普遍宣講聖諭的活動中，更反映官民一體提倡孝教的事實。[7]同時，也可從《御製大誥》訓誡官員生身之恩最重，強調父母鞠育之勞，應知父母之慈等事例，瞭解明太祖之所以在六諭首揭「孝順父母」的原因。[8]職是之故，或可反映作此疏解的王恕除上承

---

[5] 〔明〕章潢，《圖書編》（收入《四庫全書珍本叢書》五集，臺北：臺灣商務印書館，1973），卷92，頁22a。本書第二章已對此進行申論，另可參見陳時龍，〈聖諭的演繹：明代士大夫對太祖六諭的詮釋〉，《安徽師範大學學報》，第43卷5期（蕪湖，2015.9），頁613。

[6] 以下所引《六諭衍義》一併參見趙克生整理，《明朝聖諭宣講文本匯輯》（哈爾濱：黑龍江人民出版社，2014），〈六諭衍義〉，頁240-277。范鋐《六諭衍義》受到日本學界特別重視，《六諭衍義》經琉球傳入日本後，成為日本近代修身科教科書的重要內涵。詳參〔日〕阿部泰記，〈中日宣講聖諭的話語流動〉，《興大中文學報》，第32期（臺中，2012.12），頁93-130。

[7] 呂妙芬，《孝治天下：《孝經》與近世中國的政治與文化》（臺北：聯經出版事業公司，2011），第一章〈近世中國家族與孝的教化〉，頁37。

[8] 《御製大誥》中〈論官生身之恩第二十四〉：「朕常命官，每論生身之恩最重。其詞云何？曰：汝知父母之慈乎？」顯示明太祖對父母鞠育勤勞的重視。楊一凡，《明大誥研究》（南京：江蘇人民出版社，1988），頁198、頁199。

明太祖以「事親之仁」教民外,也特意強調「孝順父母」的重要性,將倫理道德提升至最高的層次,並以此觀念嚴格要求地方百姓,藉以化民成俗。

接著,編者對於孝順父母一論所提出的「善行」具體事例,有:「單衣順母」[9]、「哭竹生筍」[10]的二十四孝故事,以及《搜神記》中「感蟶復明」[11]、「王延臥冰求鯉、扇枕溫席」[12]的神奇事蹟,還有《晉書·孝友傳》的吳逵、[13]《宋書·孝義傳》的潘綜等人。[14]在王延臥冰求鯉的故事中,王延遭遇繼母卜氏的惡行對待,甚至將其鞭打至流血,他仍事母以謹。顯然符合前述《禮記》所云「父母怒不說,而撻之流血,不敢疾怨」之

---

[9] 閔損,字子騫,孔子弟子。早喪母,父娶後妻生二子。母疾損,所生子衣棉絮衣損以蘆花絮。父冬月令損御車,體寒失靷,父察知之,欲遣後妻。損啓父曰:「母在,一子寒;母去,三子單。」父善其言而止,母亦感悔,遂成慈母。詳見〔明〕陳鎬纂修,《闕里志》(收入《孔子文化大全》,濟南:山東友誼書社,1989),卷13,〈先賢列傳〉,頁611。

[10] 孟宗,字恭武,至孝。母嗜筍,冬節將至,時筍尚未生,宗入竹林哀嘆,而筍為之出,得以供母,皆以為至孝之所感。累遷光祿勳,遂至公矣。詳見朱祖延主編,舒焚校注,《楚國先賢傳校注》(湖北:湖北人民出版社,1986),頁104。

[11] 盛彥,字翁子,廣陵郡人。母親王氏,因生病雙眼失明。盛彥親自服侍她,每當母親吃東西,盛彥必定親自餵她。他母親生病已久,以致對婢女也多次鞭打。婢女忿恨她,聽說盛彥暫時外出,就拿蟶蟝燒烤給她吃。盛彥的母親吃了覺得味道好,不過懷疑是怪東西,稍稍藏起一點給盛彥看。盛彥看見是蟲子,抱著母親痛哭,哭得死去活來。她母親的眼睛一下就復明,從此病就好了。〔晉〕干寶,黃滌明譯注,《搜神記全譯》(湖北:貴州人民出版社,1991),頁312。

[12] 詳見《新校本晉書并附編六種(三)》(收入《中國學術類編》,臺北:鼎文書局,1972),卷88,列傳第58,〈孝友傳〉,頁2290。

[13] 《新校本晉書并附編六種(三)》,卷88,列傳第58,〈孝友傳〉,頁2293。

[14] 《新校本宋書附索引(三)》(收入《中國學術類編》,臺北:鼎文書局,1975),卷91,列傳第51,〈孝義傳〉,頁2248。

情，也反映明代對孝道的要求確實如此，並藉教化性質的宣講文本闡揚此意。其他則多是古代通俗易懂且具孝道意涵的歷史故事，以此作為講論之本，亦較能達到宣揚之效。如「單衣順母」的故事，最早的記載可追溯至唐末五代的童蒙讀本《蒙求》，[15] 文字敘述不盡相同，但仍表述了閔損至孝的事蹟。《蒙求》將此類故事選錄進六諭宣講文本中，以更淺白的方式呈現，使民知曉，具有道德通俗化的作用。

此外，值得一提的是，「單衣順母」[16]、「哭竹生筍」[17] 與「感蟺復明」[18]事例，於元代編纂的著名啟蒙類書《日記故事》[19]中也有相同案證之記載。明代以《日記故事》作為社學教材，黃佐《泰泉鄉禮》云：「自後五日一次，教以朱子《小學》及《日記故事》內古人嘉言善行一段，如黃香扇枕、陸績懷橘

---

[15] 《蒙求》曾流傳至日本，在日本基礎識字教育中具重要地位，亦深受日本學者重視。相關研究可參見李弘祺，《學以為己：傳統中國的教育》（香港：中文大學出版社，2012），頁417。

[16] 〔明〕楊喬編，《新刻太倉藏板全補合像註釋大字日記故事》（收入《明代通俗日用類書集刊》，第12冊，重慶：西南師範大學出版社，2011），卷首，頁322。

[17] 〔明〕楊喬編，《新刻太倉藏板全補合像註釋大字日記故事》，卷首，頁323。

[18] 〔明〕張瑞圖，《日記故事大全》（臺北：廣文書局，1981），卷3，〈孝感類〉，頁3a。

[19] 關於《日記故事》的版本，日本學者橋本草子已有詳細整理，另外，劉瓊云也在探討日記故事的通俗文化時，指稱「這類通俗類書的編寫製作，多在既有的版本基礎上增刪調整」。本文所引主要以嘉靖年間楊喬與萬曆年間張瑞圖版本的日記故事並參。詳見〔日〕橋本草子，〈「日記故事」の現存刊本及びその出版の背景について〉，《中國──社會と文化》，21（東京，2006），頁108-124。劉瓊云，〈我們可以從明代道德故事類書中讀出什麼？──知識編輯、文化網絡與通俗忠觀〉，《新史學》，第30卷3期（臺北，2019.9），頁14。

之類，直白說之，令其靜默諦聽。」[20]同時，《日記故事》卷一「二十四孝」[21]的每一則事例之後，均附有「詩曰」的詞句，應是為了便於記誦，而有此形式。由此，一方面可見《聖訓演》善行事例與《日記故事》之間的關聯性，另一方面亦可推論明代嘉靖之後部分六諭宣講文本中附以「詩歌」作為演繹聖諭的形式。

根據《聖訓演》中卷「察院公移」描述宣講聖諭的情況：

> 望日，各同木鐸在鄉。朔日，同城中童生赴有司，訓諭注解逐款高聲誦說。在官一應點卯人役及坊廂老稚，分立月台之下，左右靜聽，仍將《日記故事》、《為善陰騭》、《孝經》、《小學》各摘數條有關倫理者，以類相附講論。[22]

顯見《聖訓演》一書中各諭的部分內容、嘉言善行事例確實取自《日記故事》、《為善陰騭》、《孝經》、《小學》等典籍。因此，除可釐清《聖訓演》文本內容的來源，也顯見啟蒙類書《日記故事》、善書《為善陰騭》，以及先聖先賢等典籍對此文本的編纂影響深遠。

20　〔明〕黃佐，《泰泉鄉禮》（收入《景印文淵閣四庫全書》，142冊，臺北：臺灣商務印書館，1983），卷3，〈鄉校〉，頁618。

21　關於明代「二十四孝」故事的發展，可參見〔日〕大澤顯浩，〈明代出版文化中的二十四孝——論孝子形象的建立與發展〉，《明代研究通訊》，5（臺北，2002），頁11-33。

22　〔明〕唐錡纂，龔守愚編，許讚贊，《聖訓演》，頁471、472。

尊敬長上

　　「尊敬長上」一論疏解中首先區分長上的類別可分為「本宗」、「外親」及「鄉黨」，接著論及面對長上時應有的行為舉止。值得注意的是，此處提到「本家長上與外親長上，服制雖不同，皆當加意尊敬」。此「服制」係指五服，長上間有親疏輕重之別。

　　「本宗」意指自己出生所在與姓氏緣起的宗族，即父親的宗族。「外親」則指有血緣關係的外姓親屬，即母族與妻族等外姓親屬。從疏解中採「本宗」、「外親」作為區分長上的類別，可以看出明顯具有以男性為中心的宗法社會特徵。雖說傳統社會的族群結構本就是以父系宗族為中心，母族和妻族較不受重視，服制自然有所不同。[23]但此處強調「服制雖不同，皆當加意尊敬」，說明並未因親疏不同便不尊敬外親長上，所重視的是對長上應具有的「謙卑遜順」之意。

　　其次，「鄉黨」可視為一鄉村社會生活的空間，即鄉里之意。《論語‧鄉黨》：「孔子於鄉黨，恂恂如也，似不能言者。其在宗廟、朝廷，便便言，唯謹爾。」「恂恂」乃信實之貌，「似不能言者」表謙卑遜順，不以賢智先人也。「鄉黨」則為父兄宗族之所在，故孔子居之，其容貌辭氣如此。[24]由此可知，鄉

---

[23] 丁凌華，《五服制度與傳統法律》（北京：商務印書館，2013），頁110-127。杜正勝，〈五服制的族群結構與倫理〉，收入杜正勝，《古代社會與國家》（臺北：允晨文化，1992），頁855-869。

[24] 〔宋〕朱熹，《四書章句集注》（臺北：臺大出版中心，2016），〈鄉黨第

黨為庶民社會中重要的場域之一，孔子在家鄉父老宗族面前，也是執謙卑遜順的態度。從疏解中將「鄉黨」長上與「本宗」、「外親」長上並列來看，再加上「孝順父母」一諭疏解中也強調「務使父母不得罪於鄉黨」，可知其確實深具重要性。其中也提到鄉黨之間長上的區分，如有與祖同輩者、有與父同輩者，以及與己同輩而年長者，皆是鄉黨長上。然而，考察其他六諭宣講文本，多有將長上分為此三種類別的情況，明末清初范鋐《六諭衍義》也指出「長上不止一端」，詳列長上的分類為「本族」、「親戚」、「鄉黨」、「受業」、「先進」，如此細分長上類別，可知其注重的層面已較《聖訓演》來得廣泛，但基本仍依循「本宗」、「外親」與「鄉黨」長上的分類。

但是，尊敬長上的「善行」事例中，卻大多為兄弟之間情誼的倫理故事，似有其偏重的面向。如：有西晉王覽（206-278）「止母虐兄」的故事，出自《晉書‧王覽傳》。[25]「前燕劉洛兄弟之情」的展現，見於《太平御覽‧友悌》篇。[26]東晉庾袞「扶兄疫病」不畏疾疫，堅守骨肉之情，載錄於《晉書‧孝友傳》。[27]其中，「止母虐兄」[28]與「扶兄疫病」[29]同樣可見於《日

十），頁158。

25　《新校本晉書并附編六種（二）》，卷33，列傳第3，〈王覽傳〉，頁990。

26　〔宋〕李昉，《太平御覽》（據上海涵芬樓影印宋本複製重印，北京：中華書局，1960），卷416，人事部57，〈友悌〉，頁1918。

27　《新校本晉書并附編六種（三）》，卷88，列傳第58，〈孝友傳〉，頁2280。

28　〔明〕張瑞圖，《日記故事大全》，卷3，〈友悌類〉，頁17a。

29　〔明〕張瑞圖，《日記故事大全》，卷3，〈友悌類〉，頁15a。

記故事》。但《日記故事》中關於王覽的故事，與《晉書》及
《聖訓演》的內容相較之下，篇幅略有縮減，如「祥喪父之後，
漸有時譽。朱深疾之，密使酖祥。覽知之，徑起取酒。祥疑其有
毒，爭而不與。朱遽奪反之。自後朱賜祥饌，覽輒先嘗。朱懼
覽致斃，遂止。」[30]這段於《日記故事》中並未提及。此外，有
「崔孝芬兄弟孝義慈厚，盡恭順之禮」一事，最早見於宋代朱熹
《小學集注》，其中「坐食進退，孝芬不命則不敢也」與《禮
記》所載之「不謂之進不敢進，不謂之退不敢退」的敬長規範相
符合。

和睦鄉里

　　「和睦鄉里」一論疏解指出與鄉里交好，不與爭鬥者，便是
和睦鄉里之人。同時，以「住居相近、田土相鄰、朝夕相見、出
入相隨」作為鄉里的劃分。也強調重點在於「喜慶必相賀，急難
必相救，疼痛必相扶持，婚喪必相資助，有無必相挪借」，反映
了鄉里社會的具體功能。

　　明代鄉里社會的運作模式，大體以明初的「里甲制」與明中
期以後的「鄉約」制度為代表。洪武十四年（1381）設立里甲制
度，除處理稅收及勞役問題之外，也有維持治安與負起鄉里教化
之責，但明中期以後里甲制逐漸敗壞，於是鄉約組織逐漸盛行。[31]

---

[30] 《新校本晉書并附編六種（二）》，卷33，列傳第3，〈王覽傳〉，頁990。
[31] 張哲郎，〈明太祖的地方控制與里甲制〉，《食貨月刊》，第10卷12期（臺北，

上述疏解中的「喜慶必相賀，急難必相救，疼痛必相扶持，婚喪必相資助，有無必相挪借」則較近似鄉約所具備的功能，如宋代〈藍田呂氏鄉約〉所提倡的「德業相勸」、「過失相規」、「禮俗相交」、「患難相恤」四點規範，也成為往後諸多鄉約的基本內涵。[32]由此可見《聖訓演》疏解的內涵已逐漸偏向鄉約所蘊含的範疇，惟形式上尚未與明中後期的鄉約制度完全相同。但嘉靖年間，其實已有其他配合鄉約制度的作品出現，如黃佐（1490-1566）《泰泉鄉禮》，為其任廣西提學僉事時乞休家居所著，全書共七卷，深寓端本厚俗之意。[33]相較之下，《聖訓演》的內容較為繁雜，說明六諭宣講文本與鄉約仍有本質上的差異。

舉善行事例而言，如後燕趙秋「輕財重義」，鄰人母死家貧無以葬，便贈以家中兩頭牛，使其得以安葬。[34]又有北宋吳奎（1011-1068）「遣嫁其女」，鄉人王彭年客死京師，則使長男主持喪事，給予撫恤，並遣嫁其家中二女。[35]可見這些故事皆符合和睦鄉里的原則，也近似嘉言中所舉〈藍田呂氏鄉約〉：「凡

1981.3），頁3-18。

32　〔日〕酒井忠夫，《增補中国善書の研究》（東京：国書刊行会，1999），頁61-76。

33　〔明〕黃佐，《泰泉鄉禮》（收入《四庫全書珍本叢書》四集，臺北：臺灣商務印書館，1973），〈提要〉，頁1a-2a。

34　〔南北朝〕崔鴻，《十六國春秋》（收入《中國野史集成》，成都：巴蜀書社，1993），卷52，後燕錄10，〈趙秋傳〉，頁468。

35　〔宋〕謝維新編，《古今合璧事類備要‧前集》（收入《景印文淵閣四庫全書》，第939冊，臺北：臺灣商務印書館，1983），卷35，〈父執‧附先友〉，頁6b。

同約者，德業相勸、過失相規、禮俗相交、患難相恤。有善則書於籍，有過若違約者，亦書之，三犯而行罰，不悛者絕之。」[36] 雖然善行故事中並未表述違反和睦鄉里的負面案例，但從明代士人普遍刊布〈藍田呂氏鄉約〉的情形來看，也說明其四點規範已然成為教化鄉里、彼此和睦的重要準則。[37] 此外，值得一提的是張湛「幽室必整」，地方官員皆以其為表率的例子。[38] 因《後漢書・張湛傳》中有一段記述為《聖訓演》與《日記故事》未載錄，即：「人或謂湛偽詐，湛聞而笑曰：『我誠詐也。人皆詐惡，我獨詐善，不亦可乎？』」或許是因此段與「和睦鄉里」的主旨較無直接相關，故僅錄其平生好禮，言語舉措均謹守規矩，如居處幽室，衣冠必整，對妻子如見尊敬的君長一般。此或可進一步說明編纂此書者在編選事例內容時，亦經審慎選錄，並非直接全文照抄。

教訓子孫

　　「教訓子孫」一論疏解的主旨有「指教子孫，使知禮法」，並從幼時「便以孝悌忠信之言教之」，如此一來，自然知道尊卑

---

[36] 〔明〕章潢，《圖書編》，卷92，頁20b。

[37] 第一章已提及明代鄉約中多附〈藍田呂氏鄉約〉以規範百姓之情。第二章也針對王恕之子王承裕刊布〈藍田呂氏鄉約〉、〈鄉儀〉等書，令鄉人遵行一事，此處不再贅述。

[38] 〔劉宋〕范曄，《後漢書》（收入《四部文明》，文懷沙主編，〈秦漢文明卷〉，據宋紹興刊本影印，西安：陝西人民出版社，2007），列傳第17，〈張湛傳〉，頁410。亦見於〔明〕楊喬編，《新刻太倉藏板全補合像註釋大字日記故事》，卷3，〈修身類〉，頁341。

上下，不敢凌犯。再者，「性資聰俊者，擇師教之讀書」，務必為國家所用；若「性資庸下，不能讀書者」，也要「使知謹守禮法，勤做生理」，以此教民，方可使「後輩賢達，家門昌盛」。

從疏解內容可以得知，其著重在使子孫「知禮法」，應先教導子孫孝悌忠信之禮，切勿驕惰放肆，並依其資質分為能讀書者，令其成大器，顯門戶；不能讀書者，令其勤勞工作，循規蹈矩，萬萬不可敗壞家門。相較於《六諭衍義》「教訓子孫」的疏解，雖然也分成「可以讀書者」與「不能讀書者」的訓誨，但其中卻指出「教訓子孫讀書，原是第一等好事，怎奈不知教以孝悌忠信禮義廉恥的道理，所教導者不過是希圖前程，指望富貴、改換門閭、衣錦還鄉等事。」可知「教導孝悌忠信之禮」為共同的準則。

「知禮法」一事，自明太祖時便十分重視，將禮法視為國家之綱紀。疏解中首重教導子孫知禮法，且具體明言何謂孝悌忠信之禮。再者，以能讀書與否來區分應教導的方向，顯示讀書成材、彰顯門戶為社會普遍的價值。儘管不能讀書者，至少也應謹守禮法，說明禮法為最基本的社會教化規範，也是宗族教訓子孫的準則。

禮法在宗族間開始發揮影響力，始自洪武三年（1370）按照朱熹《家禮》所制定的《大明集禮》頒行，士人透過宗族的力量推行儒家禮儀，並以此規訓子孫，甚至融入太祖的六諭作為道德

教育及社會秩序的維護方式。[39]如隆慶六年（1572），祁門縣陳履祥（1540-1610）《文堂鄉約家法》以鄉約作為族規，並藉由鄉約的推行促使宗族組織化，鄉約與族規合而為一的作法，並載錄通俗淺白的〈聖諭演〉，對太祖六諭作詳細的解釋，文末則附有六諭詩歌，以此教化族人。[40]值得注意的是，陳履祥在編此家法時曾沿襲其師羅汝芳（1515-1588）對六諭的演繹，[41]且羅汝芳在對庶民講學時，也經常強調太祖聖諭，意在使孝悌忠信等倫理與禮儀法度的規範成為庶民教化的主要內容。[42]由此可推斷諸多六諭宣講文本之間或有相互因襲的關係。因此，陳時龍指出《聖訓演》上卷王恕的六諭疏解有不同版本的流變，確實有其可能，也更加凸顯《聖訓演》一書作為較早的六諭疏解文本之重要性。[43]

　　疏解中列舉「教訓子孫」的善行事例，如最基本的「孟母三遷」故事，點出母親教導子弟，提供良好環境的重要性。[44]以

---

[39] 關於明初依據《朱子家禮》所訂的禮制，參見張文昌，《制禮以教天下——唐宋禮書與國家社會》（臺北：臺大出版中心，2012），頁449-460。將儒家思想融入宗規族約的情形，參見劉廣京箋著，孫隆基譯，〈中國族規的分析：儒家理論的實行〉，收入孫隆基譯，《儒家思想的實踐》（臺北：臺灣商務印書館，1980），頁71-119。

[40] 〔明〕陳昭祥輯，《文堂鄉約家法》（據明隆慶六年刻本影印，中央研究院傅斯年圖書館藏光碟，索書號：DVD364.2924405）。

[41] 陳詩瑋，〈端其蒙養，習與性成：明代的兒童習禮〉（臺北：國立政治大學歷史學研究所碩士論文）2019，頁21。

[42] 呂妙芬，〈歷史轉型中的明代心學〉，收入陳弱水主編，《中國史新論：思想史分冊》（臺北：聯經，2012），頁334。

[43] 陳時龍，〈王恕的聖諭六條詮釋及其影響〉，中央研究院明清研究推動委員會主辦，「明清研究」國際學術研討會會議論文，臺北，2019年8月28-30日。

[44] 典故原出自〔漢〕劉向，《列女傳》（北京：中華書局，1985），卷1，〈母儀傳·鄒孟軻母〉，頁21-24。於《日記故事》中題名為「孟母義方」，見於

及東漢馬援（B.C.14-A.D.49）透過〈誡兄子嚴敦書〉勸勉子孫，並直言好議論人長短，妄言是非，為其最厭惡之舉，寧死也不願見到子孫有此行誼。[45]又如唐代柳玭（生卒年不詳）嘗著書戒其子弟曰：「壞名災己，辱先喪家，其失尤大者五。」[46]北宋范質（911-964）的姪子范杲（938-993）上奏請求遷升秩階時，范質作詩曉諭之，以「戒爾學立身，莫若先孝悌」開頭。[47]所舉事例大多以勸誡家族後輩及勉勵子弟勤學不息為主，也說明家法之嚴謹，或可反映明代社會對家法族規的要求。究其實，從洪武三十一年（1398）頒布的〈教民榜文〉中所提及「為父母者，教訓子孫。為子弟者，尊敬伯叔。為妻者，勸夫為善」的觀念，[48]再與前述內容一併觀之，便可知教導子弟「孝悌忠信」之禮，使其知道「尊卑上下」之序，即為履行此論再明白不過的道理。

各安生理

「各安生理」一論的重點在於「生理即是活計」，並具體指出「攻讀書史，士之生理也。耕種田地，農之生理也。造作器用，工之生理也。出入經營，坐家買賣，商賈之生理也」。接著

〔明〕張瑞圖，《日記故事大全》，卷7，〈子道類〉，頁10b。

[45] 〔劉宋〕范曄，《後漢書》，列傳第14，〈馬援傳〉，頁372、373。

[46] 〔宋〕朱熹撰，〔明〕陳選集註，《御定小學集註》（收入《景印文淵閣四庫全書》，第699冊，臺北：臺灣商務印書館，1983），卷5，〈外篇〉，頁6b、7a、7b、8a。

[47] 〔宋〕朱熹撰，〔明〕陳選集註，《御定小學集註》，卷5，〈外篇〉，頁8a、8b、9a、9b、10a。

[48] 〔明〕章潢，《圖書編》，〈教民榜文〉，卷92，頁8a、8b。

強調「若庸愚不會讀書，無產無本，亦不諳匠藝，與人傭工，甚至挑腳，亦是生理」，如果能各安生理，「士之讀書，必至富貴，榮父母，顯祖宗。農工商賈，亦必衣食豐足，可以供父母妻子之養，亦可以撐持門戶，不為鄉人之所非笑」。

疏解中開頭便以「生理即是活計」破題，直指「生理」是藉由職業來維持日常生計一事。接著闡述士農工商各安生理之情狀，但僅單獨指稱「士之讀書，必至富貴，榮父母，顯祖宗」，而合稱農工商賈「亦必衣食豐足，可以供父母妻子之養，亦可以撐持門戶，不為鄉人之所非笑」。顯然其看待士人與農工商賈的態度有輕重之別。

其次，更坦言若庸愚不會讀書也不諳匠藝者，受雇於人做工或是擔任挑夫的工作，亦是生理。岸本美緒曾在〈明清時代の身分感覺〉一文提及轎夫等雇役的身分位階，推測判別良賤的因素或與雇用者和被雇用者的關係是否平等有關。[49]而此處對生理的解釋，將「傭工」、「挑腳」等行業一併視為「安生理」的一環，並未排斥此類工作，也反映挑夫、轎夫等職業於是時並非備受歧視。

嘉言中收錄孟子曰：「以粟易械器者，不為厲陶冶；陶冶

---

[49] 〔日〕岸本美緒，〈明清時代の身分感覺〉，收入森正夫、野口鐵郎、濱島敦俊、岸本美緒、佐竹靖彥主編，《明清時代史の基本問題》（東京：汲古書院，1997），頁403-428。筆者亦參考何淑宜，〈岸本美緒教授「明清社會與身分感覺」演講側記〉，《明代研究通訊》，第6期（臺北，2003.12），頁115-120。

亦以其械器易粟者，豈為厲農夫哉？」[50]意指各行各業本有其專精之處，即是各人安此生理而已。如善行故事舉《史記‧貨殖列傳》為例，敘述宛縣孔氏的先祖是梁國人，以冶鐵為業，秦國伐魏後，將孔氏遷至南陽，他便大規模經營冶鐵業，家致數千金，且樂善好施，南陽商賈紛紛仿效。此故事亦在表達事業專精，不僅能安生理，更能通商賈之利。[51]此外，有宋代劉留臺「舉金還商」，拾金不昧一事。[52]劉留臺的故事顯示生平安分不貪，拾金不昧，必有大顯，並澤及後嗣。而後來也果真一舉登第，官至西安留臺，五十年間子孫登仕途者二十三人。此則故事明顯強調安守本分之後所帶來的福報，並確實能因此而顯親揚名。

毋作非為

「毋作非為」一論疏解直指「非為即是不善，若殺人放火，奸盜詐偽，恐嚇誆騙，賭博撒潑，行兇放黨，起滅詞訟，挾制官府，欺壓良善，暴橫鄉里，一應不善不當為之事，皆非為也」。同時說明如果「能安分守己，不作非為，自然安穩無事，禍患不作」。

---

50 〔明〕胡廣等纂修，《四書大全（三）》（收入《孔子文化大全‧經典類》，濟南：山東友誼書社出版，1989），頁2366。

51 〔漢〕司馬遷，〔日〕瀧川龜太郎，《史記會注考證》（臺北：藝文印書館，1959），卷129，貨殖列傳第69，頁38。

52 〔明〕廖用賢，《尚友錄》（收入《中華漢語工具書書庫》，合肥：安徽教育出版社，2002），第78冊，頁77。亦見於〔明〕張瑞圖，《日記故事大全》，卷5，〈清介類〉，頁5b。

此疏解首要說明「非為即是不善」，詳列各種非為之事，勸諭百姓應安分守己，禁治人民作此犯法越分之事，以保全身家。其中特別強調「不曰不作，而曰毋作」，即「禁治」之意。除禁止百姓作違法之事外，也呼籲勿犯刑憲，以保全身家。此處的「刑憲」應是指稱《大明律》，洪武七年（1374）刑部尚書劉惟謙〈進大明律表〉時即以「設刑憲以為之防，欲使惡者知懼而善者獲寧」，奏請制定大明律。洪武三十年（1397）明太祖在〈御製大明律序〉便明言欲藉此「明禮以導民，定律以繩頑」，使臣民知所遵守。[53]

若與《六諭衍義》相互比對，《六諭衍義》對「毋作非為」的定義為「凡順理的就叫做是，背理的就叫做非」。從《聖訓演》的「非為即是不善」到《六諭衍義》的「背理的就叫做非」，說明「非為」的定義已更為廣泛，原本的非為意指不做壞事，至明末則演變成違背倫理即是非為，已然更加強調對於倫理道德的重視。其中，特別值得注意的是，《六諭衍義》「毋作非為」疏解最後提到「所以聖賢教人惻隱，佛祖教人慈悲，神仙教人陰騭，儒釋道三教總是善念一理。」這裡除指出晚明儒釋道三教合一外，也反映善惡果報思想已十分普遍。而《聖訓演》的善行故事中也大多含有果報的觀念，惟僅收錄善報故事，並沒有惡報的事例。

---

[53] 黃彰健，《明代律例彙編》（臺北：中央研究院歷史語言研究所，1979），頁 1-3。

此外，許讚的「贊語」甚至明確指出「勿貪人財，勿冒人籍。勿奪人田，勿侵人宅。勿尚忿爭，勿事博弈」等皆為惡逆之事。這也側面反映明代社會的諸多問題，如「勿冒人籍」便顯示明代因科舉競爭激烈而產生「冒籍應試」的情況。[54]為了使鄉里百姓勿違法犯分，「嘉言」則舉孔子曰：「君子懷德，小人懷土。君子懷刑，小人懷惠」[55]表達勸勉之意。

同時，也列舉不少改惡向善的事例，如西晉周處（236-297）「改勵除害」、[56]東漢陳寔（104-186）「見盜不發」、[57]東漢仇覽「陳倫致孝」，善於教化。[58]其中，仇覽的故事較為特別，據《後漢書·仇覽傳》載，仇覽任亭長時，陳元之母告兒子不孝，仇覽驚曰：「吾近日過舍，廬落整頓、耕耘以時，此非惡人，當是教化不及」，便親自到陳元家，以孝敬、贍養的人倫之道告誡陳元，在仇覽的教化之下，陳元終成一孝子。但明代嘉靖、隆慶年間松江著名學者何良俊（1506-1573）《語林》的記

---

54 順天鄉試常有冒籍事件，詳參《明世宗實錄》（臺北：中央研究院歷史語言研究所，1965），卷279，頁5下，嘉靖二十年十月辛巳條。關於明代科舉競爭與區域配額的研究可參見林麗月，〈科場競爭與天下之「公」：明代科舉區域配額問題的一些考察〉，《國立臺灣師範大學歷史學報》，第20期（1992.6），頁43-73。

55 孔子著，何晏集解，《論語集解》（收入《四部叢刊》三編，臺北：臺灣商務印書館，1975），卷2，〈里仁第四〉，頁8a。

56 〔唐〕令狐德棻等撰，《晉書》（收入《四部文明》，西安：陝西人民出版社，2007），列傳第28，〈周處傳〉，頁406。亦見於〔明〕張瑞圖，《日記故事大全》，卷2，〈感勵類〉，頁13a。

57 〔明〕張瑞圖，《日記故事大全》，卷6，〈寬厚類〉，頁7b、8a。

58 〔劉宋〕范曄，《後漢書》，循吏列傳第66，〈仇覽傳〉，頁205。亦見於〔明〕張瑞圖，《日記故事大全》，卷6，〈善政類〉，頁13b。

載，便強化了這個故事的形象，指出：「仇覽為陽遂亭長，好行教化，有陳元兇惡不孝，其母詣覽言元，覽呼元誚責，以子道與一卷《孝經》，使讀之。元深改悔，到母牀下謝罪曰：『元少孤，為母所驕，諺曰：孤犢觸乳，驕子罵母。』乞今自改，母子更相向泣，於是元遂修孝道，後成佳士。」[59]儘管這個故事對陳元的個性描述、改過情形說法不一致，但最終受仇覽的教導，改惡從善。由此可見善行故事內容在不同時代的變化，或可理解明代士人對於社會教化的用心。

除此之外，六諭之後有「增錄事類」，分為「忠類」、「信類」及「婦德類」加以闡述，與前述六諭疏解一樣，皆附有「嘉言」、「善行」以申述觀念。但由於王恕的疏解僅對六諭作注疏，並未對其他類別作解釋，故此增錄事類並無疏解，僅收錄歷代嘉言善行。由此亦可確定「疏解」與「嘉言善行」的編排確實出自不同人之手。而除六諭的教化理念之外，編者又將「忠」、「信」、「婦德」一併列於其後，顯見是時社會風氣對這些觀念的重視，但與本節所討論的六諭注疏連結較少，故暫不申論。劉瓊云曾對明代忠文化進行討論，指出晚明商業力量促成《忠經》的刊刻，並漸有故事化、通俗化的趨勢，對「忠德」教化的推廣有所助益。[60]雖然《聖訓演》為明代嘉靖年間的產物，其中增錄

---

[59] 〔明〕何良俊，《語林》（收入《四庫全書珍本叢書》三集，臺北：臺灣商務出版社，1972），卷23，〈自新第十九〉，頁1b。

[60] 劉瓊云，〈天道、治術、商品：《忠經》之出版與明代忠文化〉，《中國文哲研究通訊》，第24卷2期（臺北，2014.6），頁73-120。

「忠類」嘉言善行，或可作為明中期便已開啟忠文化在明代社會傳播的例證。

綜論「嘉言」、「善行」的核心思想：以禮為教

然而，若細察各諭的「嘉言」內容，可以發現收錄不少宋代理學家的言論，如橫渠先生（張載，1020-1077）、明道先生（程顥，1032-1085），以及張載弟子呂大鈞（1029-1080）的〈藍田呂氏鄉約〉、影響朱熹制定〈勸諭榜〉的古靈先生（陳襄，1017-1080）。顯見此書的編纂應深受宋代理學的影響，且特別重視「以禮為教」之學。

北宋張載「以禮為教」的主張，時人多有論及，程頤稱其「子厚以禮教學者最善，使學者先有所據守」，指出張載以「禮學」為宗的思想。[61]明清時期亦不少學者深受張載禮學的影響，如郝敬（1558-1639）說道：「張子厚教人學禮，正容謹節，變化氣質，此庶幾下學而上達之意」。[62]值得注意的是，郝敬也撰有一六諭宣講文本，名曰《聖諭俗解》，為其任江陰縣知縣時口授父老子弟的內容。[63]強調經世致用之學的顧炎武（1613-1682）

---

[61] 〔宋〕程顥、程頤，《二程集》（北京：中華書局，1981），卷2上，〈河南程氏遺書〉，頁23。

[62] 〔明〕郝敬，《時習新知》（臺北：臺灣商務印書館，1983），卷4，頁23b-24a。

[63] 〔明〕郝敬，《小山草》（收入《四庫全書存目叢書·補編》，據明天啓三年刻本影印，濟南：齊魯書社，1997），第53冊，卷10，〈聖諭俗解〉，頁19a-42a。

曾說：「比在關中，略倣橫渠藍田之意，以禮為教」。[64]顯見張載「以禮為教」的思想備受士人重視，影響也深入地方社會。

程顥任澤州晉城縣令時，因澤人淳厚，尤服先生教命，特別「告之以孝弟忠信，入所以事父兄，出所以事長上」，特別重視儒家禮教的觀念，告知鄉里百姓，俱應遵行此道。同時，他也組織基層鄉里，使之力役相助、患難相恤，並且擇俊秀子弟，聚而教之。閒暇時更親至鄉里，召父老而語之，兒童所讀之書，甚至親自為其正句讀。[65]可說是其具體實踐禮教思想的方式之一。

呂大鈞本與張載為同年好友，後因欣賞張載的學識，遂執弟子禮。他秉承「橫渠之教，以禮為先」的原則，躬行禮教、重於實踐，與其兄呂大防（1027-1097）、弟呂大臨（1044-1091）率鄉人推行〈藍田呂氏鄉約〉，以「德業相勸」、「過失相規」、「禮俗相交」、「患難相恤」為教條，嚴格規範「有善則書於籍，有過若違約者，亦書之，三犯而行罰，不悛者絕之」，因此使關中風俗為之一變。

陳襄也在任仙居縣令時，頒布〈勸諭文〉曰：「為吾民者，父義，母慈，兄友，弟恭，子孝；夫婦有恩，男女有別，子弟有學，鄉閭有禮；貧窮患難，親戚相救，婚姻死喪，鄰保相助；無墮農桑，無作盜賊，無學賭博，無好爭訟；無以惡凌善，無以富

---

[64] 〔明〕顧炎武，《亭林文集》（臺北：漢京文化出版公司，1984），卷6，〈與毛錦銜〉，頁148。
[65] 〔宋〕程顥、程頤，《二程集》，卷11，〈明道先生行狀〉，頁632。

吞貧；行者讓路，耕者讓畔，班白者不負載于道路，則為禮義之俗矣。」[66]

綜上可知，各論「嘉言」的內容應是在「以禮為教」的基礎之下編纂而成，故特意著重宋代對「禮」甚為重視的士人之言論，並收錄為嘉言以訓示百姓。

回到前述提及《聖訓演》善行故事與《日記故事》關聯性的討論上，學者指出元代童蒙類書對儒學下滲已發揮不少影響力。[67]而作為明代中期教化文本的《聖訓演》，有近似《日記故事》的內容，經筆者分梳後，也發現其中蘊含大量「以禮為教」的思想，顯然在明代基層社會教化的各個面向中扮演著相當重要的一環。

綜言之，以太祖六諭為主軸而纂成的疏解、贊語、嘉言與善行故事，皆呈顯禮教思想深入明代基層社會之情狀，而此「以禮為教」的思想又多秉承北宋張載關學而來，換言之，或可說是北宋關學在陝西一帶士人的努力之下漸趨復興。作為教化基層社會的六諭宣講文本，也在此時發揮其影響力，滲入民間，藉此化民成俗。

---

[66] 〔宋〕陳襄，《古靈集》（收入《四庫全書珍本叢書》三集，臺北：臺灣商務印書館，1972），卷19，〈勸諭文〉，頁3a、3b。此處須特別說明的是，收於《聖訓演》「毋作非為」一論疏解中的「嘉言」，僅節錄「無惰農業，無作盜賊，無學賭博，無好爭訟，無以惡凌善，無以富吞貧，行者讓路，耕者讓畔，頒白者不負載於道路，則為禮義之俗矣。」應是特別針對非為之事的強調。

[67] 劉瓊云，〈我們可以從明代道德故事類書中讀出什麼？——知識編輯、文化網絡與通俗忠觀〉，《新史學》，第30卷3期（臺北，2019.9），頁1-73。亦可參見劉祥光，〈中國近世地方教育的發展——徽州文人、塾師與初級教育（1100-1800）〉，《中央研究院近代史研究所集刊》，28（臺北，1997），頁1-45。

第二節　婚喪與正俗

中卷開篇即由唐錡指出,「御制訓詞及三原王尚書注解,雖深切著明,使人易知易行,但日久教弛,有司者視為末務」。[68]學校之教又止於作文章、取科第而已,木鐸雖設卻多是低劣卑賤之人,訓詞雖宣但皆虛應故事。因此,唐錡重新揀選鄉中敦厚老實之人充任木鐸老人,並沿鄉以聖諭及王尚書注解進行勸諭。此處所指「王尚書注解」即是王恕為六諭所作之注疏,也明確點出唐錡欲重振鄉里教化的原因。

教化的方式為每月望日集合里中老人和小孩於各社廟,逐一訓諭,朔日則負牌搖鐸,由鄉間甬道直入公堂,以示優禮。訓諭的內容是將《日記故事》、《為善陰騭》、《孝經》、《小學》各摘數條有關倫理者,以類相附講論。若遇鄉中有善惡之事,明白勸誡後,將其姓名、行為隨即登簿。同時,又選舉鄉里一二之大家,照鄉約舉行,以厚風俗。[69]由此可知,其運行的模式已經將每月朔望的木鐸宣誦,以及定期舉行集會訓諭鄉人兩者相互結合,並且宣講淺白通俗的倫理故事,再按照鄉約的方式定期施行,時間一久,鄉里之人自然能知勸誡。

除此之外,蒲城縣儒學教諭徐效賢將唐錡指導的內容進而衍申其義,以利鄉里敬慎實行。如學校之教為何止於作文章,取

---

68 〔明〕唐錡纂,龔守愚編,許讚贊,《聖訓演》,頁469。
69 〔明〕唐錡纂,龔守愚編,許讚贊,《聖訓演》,頁470。

科第？實因「末學空疏，古道寥落，有文詞炫惑於前，有科第誘
引於後」，也茫然不知朱子《小學》、《家禮》二書。又何以將
《日記故事》、《為善陰騭》、《孝經》、《小學》各摘數條以
相附講論？則是由於民性之蔽，故必取證於此，以前人之陳跡作
為後人之明鑑。其中，「嚴衣冠以示優禮者，則重我聖祖不刊之
典」，強調藉冠服制度以區分貴賤，說明對明初禮制的重視。[70]
如洪武二十二年（1389）申嚴巾帽之禁，規定：「凡文武官除本
等紗帽外，遇雨許戴雨帽，公差外出許戴帽子，入城不許；其公
差人員出外者亦如之。將軍力士、校尉旗軍常戴頭巾或榼腦，官
下舍人并儒生吏員民人常戴本等頭巾，鄉村農夫許戴斗笠蒲笠，
出入市井不禁，不親農業者不許。」[71]禁令中詳細規範各種階級
所應配戴的巾帽，即是明初透過服飾維持階級秩序的衣冠典制，
而今從地方儒學教諭的口中重申「嚴衣冠以示優禮」一事，除有
尊祖制之意，也是整飭地方社會風氣的一種方式。

禮俗之弊──婚俗

　　「為正婚喪以敦風化」及「喪約五條」等事，以巡按陝西監
察御史唐錡所布憲條為主，西安府儒學教授張玠的注解為輔。唐
錡首先明言「夫婦，人倫之始；喪葬，人道之終。風俗之厚薄，

---

[70] 〔明〕唐錡纂，龔守愚編，許讚贊，《聖訓演》，頁473-485。
[71] 《明太祖實錄》（臺北：中央研究院歷史語言研究所，1966），卷198，頁
　　2972，洪武二十二年十二月己亥條。

教化之隆污繫之，所不可忽者。古有婉娩之教，故閨門之淑行端；有誠信之心，故衰麻之憂情切。」但今日之婚喪已不如往昔淳樸，唐錡在訪察民間婚喪禮俗的實際情形後，列舉有待改革之處，其重點如下：

其一，主要描述民間「婚姻論財」的風氣太盛，經常有「只論貧富，不擇賢愚」的情況，甚至於「聘定之初，輒先講論禮物，然後許婚」，「苟無財禮，終不得娶」。唐錡直指此已非二姓合好之意，「古人謂婚姻論財，夷狄之道，君子不入其鄉，可不戒哉！」張玠的注解稱：「若論貧富，則取未必女之良，嫁未必男之賢。世之為婚姻者，當勉之戒之，毋蹈世俗之弊」。[72]

仔細檢索明代方志，可以發現不少地區盛行婚姻論財，如江西《豐乘》「聘者厚取采，娶者厚索奩。」[73]浙江《秀水縣志》「近世俗家論財，聘索采，娶索奩，甚或以此生勃谿者，君子夷之。」[74]若從陝西不同州縣觀之，陝西《朝邑縣志》「秦民皆力農，朝邑頗事賈，婚姻論財。」[75]《高陵縣志》「民多醇厚樸實，尚勤儉好禮度，……但婚姻多重貨財，致有男女愆期者。」

---

72 〔明〕唐錡纂，龔守愚編，許讚贊，《聖訓演》，頁488-490。
73 〔明〕《豐乘》（收入《天一閣藏明代方志選刊續編》，據明嘉靖刻本影印，上海：上海古籍書店，1990），卷3，〈風俗〉，頁9b。
74 〔明〕李培等修，黃洪憲等纂，《（萬曆）秀水縣志》（收入《中國方志叢書》，華中地方第57號，據明萬曆二十四年刊本影印，臺北：成文出版社，1970），卷1，〈風俗〉，頁41a。
75 〔明〕韓邦靖纂修，《（正德）朝邑縣志》（收入《中國方志叢書》，華北地方第540號，據明正德十四年刊本影印，臺北：成文出版社，1976），卷1，〈風俗第二〉，頁5a。

《咸陽縣志》「婚姻多重財，致有男女愆期者。」[76]由此可知，唐鎬、張玠等人當時所處的陝西，財婚風氣盛行，故對此大加批判，並特此呼籲鄉里百姓戒之。

其二，針對「女既聘，無再字之理」一事進行討論，唐鎬指出「昔人夫有惡疾，父母欲改之，乃曰：『夫之不幸，妾之不幸也。奈何去之？』然則為財悔婚者，可不愧哉。」然而，是時民間卻有「因夫家先富後貧，遂相背約，或才貌不揚，或疾病不幸，亦有因忿構怨，遂至仇隙」，可見風氣丕變。張玠以《禮記》云：「一與之醮，終身不改」為注解。[77]說明婦女再嫁或背約以及既聘而為財悔婚者，皆是不合於禮之行為。

其三，指出寡婦不應改嫁，直言「婦人再醮已為失節」，卻仍有「服制未滿，違例改嫁者」、「夫亡甫月，任意招贅者」、「欲行守節，而被舅姑及豪強奪志者」、「有淫奔，私相苟合者」等各種敗禮之俗。古人謂：「餓死事極小，失節事極大。況娶失節婦，已亦失節，可不謹哉」，顯見唐鎬對於失節一事的重視，且不允許違禮的風俗。

其四，則是因丈夫遠遊在外而逕行改嫁的情況，唐鎬指出「其夫之薄幸，固不足言；而其婦至此，亦無恥之甚矣」。張玠

---

[76] 〔清〕沈青崖纂，劉於義修，《（雍正）陝西通志》（收入《中國地方志集成》省志輯·陝西，22冊，據清雍正十三年刻本影印，南京：鳳凰出版社，2011），卷45，〈風俗〉，頁6a、6b。

[77] 《禮記·郊特性》原文為「一與之齊，終身不改，故夫死不嫁」。後來鄭玄《周禮注》又說：「齊或為醮」，可知「一與之醮」為後人所修改。參見呂思勉，《中國通史》（上海：上海古籍出版社，2009），第一章〈婚姻〉，頁17。

按語稱「忠臣不事二君，貞女不更二夫」，如因丈夫游商在外便給帖改嫁，「其如禮義何哉？」並舉「陳孝婦因夫不還，終身奉姑，了無嫁意」的例子，誡諭百姓不可任意改嫁。

其五，與嫁娶年歲的問題有關，指稱「男女婚配，貴乎適時」，但「今民間嫁女娶婦，多惑於陰陽年月之利」。張玠按語：「古者男子三十而娶，女子二十而嫁。中世以後，男子二十而娶，女子十六而嫁」，又引《周易》曰：「歸妹愆期，遲歸有時」。[78] 以此說明如今嫁娶惑於陰陽之說者眾，皆應自省。

由前述可知，身為巡按陝西監察御史的唐錡與地方儒學教授張玠，透過考察民間婚俗的情況，指出各種違禮、敗禮的行為，應即改正，也反映他們對禮的重視，以及希冀透過「禮」來教化百姓，改善風俗。

禮俗之弊——喪俗

除了對女性婚嫁等事的規範外，也有對喪俗的告示，是為「喪約五條」：第一，「親喪，無飲酒食肉之禮」，經唐錡訪察，發現民間祭奠時，有「杯盤盒飯，彼此相酬；暖夜伴喪，通宵徹飲」之情，要求盡速改正。張玠按語稱「所謂居喪無飲酒食肉之禮，此不易之定論也。嘗觀喪禮云，父母之喪，人子三日既殯，始食粥。既葬，疏食水飲。期而小祥，始食菜果。大祥之

---

[78] 〔魏〕王弼，〔晉〕韓康伯注，《周易》（據四部備要經部中華書局相臺岳氏家塾本校刊影印，臺北：臺灣中華書局，1974），卷5，頁16b。

後，始飲酒食肉。」但是，「今之為民者，父母方歿，而酒肉如常，又相宴集，腼然無愧，人亦恬不為怪」，實乃禮俗之壞。據此可知，他們期望喪禮回歸古制，但今俗卻已敗壞，故有必要明示條約以戒之。

第二，「民間於親死，每週七日、百日、周年、二年、三年，輒飯僧修醮，供設道場，豈惟無益，豈惟無益，亦非節財之道。」張玗注解「今世俗篤信佛老誑誘，凡有喪事，無不供飯僧道，云為死者有天堂、地獄之說」，意在反對佛道喪儀。從地方風俗來看，據嘉靖《定遠縣志・風俗》載，「凡遇父母以下至親有喪，殮殯棺槨不加之意，而於僧道追薦誦經則極力為之」，[79] 可知時人應已普遍流行佛道喪儀。不過陝西《興平縣志》卻稱有關喪葬儀式，「縉紳家多行《文公家禮》，不作佛事。」《中部縣志》載該縣「士嚮詩書，女勤織紡，敦本務農，不作佛事，尤其近美者也。」《長安縣志》稱「士尚氣節，人多醇樸，……，冠婚喪祭悉遵會典家禮，昔人所謂以善導之。」[80] 相形之下，士人多依《明會典》、《家禮》行喪葬儀式，庶民則多採佛道之法，明代中期由唐錡、張玗教民勿迷信佛老，藉以導正風俗，確為其職責所在。

79　〔明〕高鶴纂修，《（嘉靖）定遠縣志》（收入《四庫全書存目叢書》，史部地理類，196冊，據明嘉靖刻萬曆增修本影印，臺南：莊嚴文化事業公司，1996），卷1，〈風俗〉，頁11a。

80　〔清〕沈青崖纂，劉於義修，《（雍正）陝西通志》，卷45，〈風俗〉，頁5b、15a、24a。

第三，「喪具稱家有無。今民間不即葬者，多為棺椁極美以侈耳目，遂至數十年而不能舉葬。」張玠的按語則指出，「按古禮，天子七月而葬，諸侯五月而葬，大夫三月而葬，士、庶人逾月而葬，制也。但今世多以貧弗克葬，或兄弟眾多，彼此相推，日積月累，誠有如察院所謂十數年而不葬者矣。」此種停棺不葬的情形已違反禮制，清代雍正《陝西通志》仍載有「喪葬多作佛事，設戲樂，致有停柩暴露，不能掩壙成封者」，推斷此種情況可能為明代中期以來相沿之陋習。[81]

第四，「送死固為大事，但有力之家亦有節制。今民間不問貧富，一概侈於祭奠紙帛、旛花、煞靈、簫皷、鐃鉢之用，列於道前，奢靡不情，越禮犯分，果何益哉。」反映奢辦喪禮、越禮犯分之風漸盛，唐錡強調喪禮所用器具「皆如《家禮》可也」。張玠明言「此察院所以嚴示條教，亦孔孟救時深意，敦本尚實，冀回淳古之風矣」，說明喪禮一切從簡、純樸即可，無須過多繁文縟節。

第五，「卜兆擇期，大統有歷。今民惑於陰陽風水之說，為子孫求福之故，尋龍撥沙，未有定處；揀年擇月，初無定期。遂使停柩待時，喪服過訓，惑矣。」意指鄉人多迷信風水，往往因擇地耗時過久，導致停棺不葬。

綜上所述，可知有因篤信佛老之道而飯僧修醮，以致貧者不

---

81 〔清〕沈青崖纂，劉於義修，《（雍正）陝西通志》，卷45，〈風俗〉，頁6a。

足以負擔而停柩多年，富者則奢辦喪禮、越禮犯分；也有因迷信風水堪輿之說，以致數年不葬。其實明初頒布《大明律》時，已有規定「凡有喪之家，必須依禮安葬。若惑於風水，及託故停柩在家，經年暴露不葬者，杖八十。……其居喪之家，修齋設醮，若男女溷雜，飲酒食肉者，家長杖八十。」[82]雖有此嚴格規範，但至明代嘉靖年間，黃佐《泰泉鄉禮》仍有主張「不許輕信風水禍福之說，及興發某房之說，停藏父母至數十年不葬，以致屍棺暴露。」以此曉諭百姓，期能厚俗。[83]萬曆年間，謝肇淛《五雜俎》亦稱「喪不哀而務為觀美，一惑也；禮不循而徒作佛事，二惑也；葬不速而待擇吉地，三惑也。」[84]藉此表達其對喪葬風俗的感嘆。唐錡與張玠等士人對喪葬習尚的批評，主要針對其違反儒家喪禮精神的部分，並透過討論引起時人的注意。[85]

此外，奢辦喪禮、越禮犯分則與明代社會風氣的變遷有關，陝西《鄠縣志》載錄是時社會由儉入奢的風氣：

> 明成化初，服食器用，嫁娶送死，俗尚簡樸。閭閻多忠厚長者，人盡力於田畝，無遊蕩。以此多富實，興於禮讓。

82　黃彰健，《明代律例彙編（下）》（臺北：中央研究院歷史語言研究所，1979），卷12，〈禮律二‧儀制〉，頁613。

83　〔明〕黃佐，《泰泉鄉禮》（收入《四庫全書珍本叢書》四集，臺北：臺灣商務印書館，1973），卷3，〈禁火化以厚人倫〉，頁16a。

84　〔明〕謝肇淛，《五雜俎》（收入《明清筆記史料叢刊》，第53冊，北京：中國書店，2000），卷14，頁35b。

85　何淑宜，《明代士紳與通俗文化——以喪葬禮俗為例的考察》（臺北：國立臺灣師範大學歷史研究所專刊30，2000），頁130。

弘治初，漸入於奢，至正德，華靡倍昔。鄉邑無老少，習
　　為浮偽，好挾人短長以為能。不論德行，論富論勢力，遂
　　至凌競成風。[86]

文中指出明代前期風俗淳樸，至弘治年間以後，逐漸奢靡，以致
相互爭勝、攀比。關於明代社會風氣的變遷，徐泓指出，明代社
會風氣大體可分為三個階段：明初「儉樸淳厚、貴賤有等」，
明中期「渾厚之風少衰」，明末「華侈相高、僭越違式」。[87]同
時，徐氏另有專文討論明代後期華北的社會風氣因商品經濟的衝
擊而日趨僭禮奢侈的情況。[88]而與本文所探討《聖訓演》密不可
分的王恕也曾在正德年間上言「禁僭侈以化俗」。[89]據牛建強的
研究指出，明代社會風尚的變遷確實呈現區域差異。故此，就
地域性而言，陝西地區直至明代中後期，社會風氣已漸轉為奢
靡。[90]再者，綜觀前述所論可以發現，身處陝西一帶的士大夫，
對「禮」的重視程度之深，作為地方儒學教官的徐效賢與張玠，

86　〔清〕沈青崖纂，劉於義修，《（雍正）陝西通志》，卷45，〈風俗〉，頁6b。

87　徐泓，〈明代社會風氣的變遷——以江、浙地區為例〉，《第二屆國際漢學會議
　　論文集》（臺北：中央研究院，1989），頁137-159。

88　徐泓，〈明代後期華北商品經濟的發展與社會風氣的變遷〉，《第二次中國近代
　　經濟史會議》（臺北：中央研究院經濟研究所，1989），頁107-175。

89　《明武宗實錄》（臺北：中央研究院歷史語言研究所，1966），卷16，頁503，
　　正德元年八月丙子條。

90　有關明代社會風尚相關研究，可參見林麗月，〈世變與秩序：明代社會風尚相關
　　研究評述〉，《明代研究通訊》，第4期（2001.12），頁9-19。牛建強，《明代
　　中後期社會變遷研究》（臺北：文津出版社，1997）。

身為地方基層社會的「教化之師」，尤其致力將傳統儒家思想滲入基層社會之中。

在明代士人重塑對「禮」的規範之際，大多著眼於「鄉規族約」的內容，然而，如本文第一章所述，常見的情形為士人將明太祖六諭融入於鄉約會講之中，始於嘉靖八年（1529）王廷相的上奏。王廷相在任陝西巡按御史時頒行告示條約以教民，也在〈督學四川條約〉中指出近年名邦仕宦之家舉行冠婚喪祭等家禮者不在少數，更命今後生員之家遇有吉凶事故，務要督令知禮。[91]說明其於地方任官時對禮儀的重視，也可知他曾在陝西整頓風俗、推行禮治。此外，王廷相肯定宋代張載的氣一元論，也強調實學的重要性，認為「士惟實學可以經世」，直指呂柟便是得此道者。[92]王廷相曾上呈〈請起用修撰呂柟疏〉，稱其「性行淳篤，學問淵粹」，並於〈舉用呂柟崔銑李夢陽疏〉讚賞三者皆當世之賢傑。[93]而呂柟也在贈序中表明曾與王廷相談道，讚譽其行「無君實之失而有孔顏之得」，且孝友敬讓於鄉里。[94]呂柟後於嘉靖四年（1525）所行的〈解州鄉約〉或曾受王氏影響。

作為維風導俗的鄉約，除逐漸融入六諭意涵之外，亦十分

---

[91]〔明〕王廷相，《浚川公移集》（收入《四庫全書存目叢書》，集部第53冊，臺南：莊嚴文化事業公司，1997），卷3，〈巡按陝西告示條約〉，頁16a。

[92]〔明〕王廷相，《王廷相集·王氏家藏集》（北京：中華書局，1989），卷33，〈性辯〉，頁609、610。卷22，〈送涇野呂先生尚寶考績序〉，頁419、420。

[93]〔明〕王廷相，《浚川奏議集》（收入《四庫全書存目叢書》，臺南：莊嚴文化事業公司，1997，集部第53冊），卷1，頁12b-13b。卷3，頁14a-15b。

[94]呂柟，《呂柟集》，〈贈浚川王公詔改左都御史序〉，頁316、317。

重視婚喪禮俗。如第一章提及黃佐（1490-1566）《泰泉鄉禮》
要求「遵行四禮條件」，葉春及（1532-1595）〈惠安鄉約〉以
「四禮齊萬民」，此四禮所指「俱依文公家禮」。[95]趙克生指出
明代家禮的傳播，即是採「緣俗行禮」的方式，以落實儒家禮
教，進而使「禮俗相交」。[96]而禮書的盛行及流傳實與民間禮俗
日益崩壞有關。[97]故此，明代士人多以實行鄉約或禮俗改革作為
對禮的實踐，而本文討論的《聖訓演》便是士人藉宣揚六諭以推
廣地方教化的產物。

以禮化民

西安府儒學教授張玠曰：

> 夫先以六訓之類，使之躬行其善，次昭以婚喪之制，使之
> 節省其財。夫善行修則禮讓興，財貨省則民用足。仁厚之
> 俗，太平之業，可永於無疆。不但若伊川之化洛人，晦庵
> 之易漳俗。[98]

---

[95] 關於黃佐《泰泉鄉禮》中「四禮」的敘述，詳見〔明〕黃佐，《泰泉鄉禮》，卷
1，〈鄉禮綱領〉，頁8a-15b。

[96] 趙克生，《明代地方社會禮教史叢論：以私修禮教書為中心》（北京：中國社
會科學出版社，2011），第一章〈修書、刻圖與觀禮：明代地方社會的家禮傳
播〉，頁30。

[97] 何淑宜以喪葬禮俗為例，討論明代禮書的流傳與盛行，以及喪葬習俗風尚的變
化。詳見何淑宜，《明代士紳與通俗文化——以喪葬禮俗為例的考察》（臺北：
臺灣師範大學歷史研究所專刊30，2000），頁145-168。

[98] 〔明〕唐錡纂，龔守愚編，許讚贊，《聖訓演》（收入北京大學圖書館編，《北

從中可以得知，太祖六諭使民向善，以及昭示婚喪禮制，藉修善行以興禮讓、省財貨以足民用，便能成仁厚之俗。張玠作為地方儒學教授，有感於「世降風移，民俗愈下，有如陝之婚喪，所費不貲」，[99]故發此語。余英時在論述明清儒學的思想基調時提及，明代士人多以「移風易俗」為己任，故特別重視鄉約、族制等民間組織，其舉呂柟為例，指稱呂柟雖為地方官，但採民間鄉約的規模，並以儒家「移風易俗」為理想。[100]同理，張玠曰「若伊川之化洛人，晦庵之易漳俗」，期勉能以程、朱之學為模範，並試圖改善地方社會的風俗。

關於宋代理學家對明代士人的影響，以張載的「關學」與本文的連結最為緊密。呂妙芬指出以張載為核心的關中理學有其地域性學術傳統，其禮教思想也掀起禮學復興的思潮。[101]本文所提及的諸多士人也與關學有些許淵源，纂著此書的唐錡、龔守愚身任陝西巡按監察御史、提學副使，不僅如此，注疏六諭的王恕為「三原學派」創始人，其子王承裕更名列馮從吾所撰的《關學編》之中。若仔細檢視，不論是從地緣關係、師承關係等，皆可發現關學與《聖訓演》實有密不可分的連結。

京大學圖書館藏朝鮮版漢籍善本萃編》，重慶：西南師範大學出版社，2014），頁505。

[99] 〔明〕唐錡纂，龔守愚編，許讚贊，《聖訓演》，頁504。

[100] 余英時，〈現代儒學的回顧與展望──從明清思想基調的轉換看儒學的現代發展〉，收入氏著，《現代儒學論》（臺北：八方文化企業公司，1996），頁12。

[101] 呂妙芬，〈明清之際的關學與張載思想的復興：地域與跨地域因素的省思〉，《中國哲學與文化（第七輯）》（桂林：廣西師範大學出版社，2010），頁25-58。

明末清初思想家黃宗羲曾言：「關學大概宗薛氏」，並指稱其「學貴踐履」。[102]清初士人仇兆鰲也認為明初得宋儒之傳者，北方以薛敬軒為主，其學皆一本程朱。[103]說明薛瑄（1389-1464）為明代前期深諳宋代理學之道的士人之一，其《讀書錄》也深受後人注意，嘉靖年間張珩作〈重刻讀書錄引〉時便稱其自少即專心於濂洛關閩之學，平生精力盡在此錄。[104]而呂柟又與隸屬河東學派的薛瑄有一脈相承的師承關係，《四庫全書總目提要》稱「柟之學出薛敬之，敬之學出於薛瑄，授受有源，故大旨不失醇正」。時人為呂柟作傳時也稱道「在關中可繼張橫渠者，涇野一人而已；在我朝可繼薛文清者，涇野一人而已。」[105]可見明代復興關學之始可追溯至明初薛瑄，自呂柟之後漸盛。

　　前文提及王承裕與呂柟皆曾在地方上講行〈太祖皇帝教文〉、〈藍田呂氏鄉約〉、〈文公家禮〉、〈鄉儀〉等書，若仔細考察明代關學士人的行實，可以發現不少士人皆曾有此舉，如下所示：[106]段堅（1419-1484）任南陽府知府時，因「民俗之

---

102 〔清〕黃宗羲，《明儒學案》（收入周駿富輯，《明代傳記叢刊·學林類》，臺北：明文書局，1991），頁2、158。
103 〔清〕黃宗羲，《明儒學案》，頁5。
104 〔明〕薛瑄撰，〔日〕佐藤仁解題，《讀書錄》（收入岡田武彥、荒木見悟主編，《和刻影印近世漢籍叢刊續編》，臺北：廣文書局，1975），第7冊，〈重刻讀書錄引〉，頁1。
105 〔明〕李開先，《閒居集》（收入《四庫全書存目叢書》，集部第93冊，臺南：莊嚴文化公司，1997），傳9之50，〈涇野呂亞卿傳〉，頁110。
106 〔明〕馮從吾撰，陳俊民、徐興海點校，《關學編（附續編）》（北京：中華書局，1987），卷3、4，頁26-62。

偷，由未預教，乃遴屬治童蒙，授以小學、《孝經》、〈文公家禮〉、教民俗言諸書，俾之講習。」陝西渭南李仲白為宿遷令時，著〈勸農文〉、〈勸孝文〉以化俗，該邑多孝子，仲白以稅餘金買牛給民耕墾荒地。宿遷人稱「百年以來一人」。師事薛瑄的張鼎（1431-？），任都察院御史時，為王恕所舉薦，甚至為其作墓誌銘，稱其「理學傳自文清公，高名可並太華峰」。李錦（1433-？）與靈寶許進（1437-1510，許讚之父）為好友，曾巡撫關中。而督學王雲鳳（1465-1518）亦稱其「化如和叔，辭章外貧，似原思草澤間」。呂潛（1621-1706），師事呂柟，每歲時祭畢，燕諸族人，講明家訓，又率鄉人行鄉約，人多化之。王之士（1529-1591），字欲立，號秦關，行己必恭，與人必敬，飲食必祭必誠，兢兢遵守孔氏家法。一時學者以為藍田呂氏復出，感慕執經者履滿戶外，士習翕然。又謂：「居鄉不能擅俗，如先正和叔何」，乃立鄉約。

整體觀之，可見明代關學士人在地方社會施行《家禮》、鄉約的情況普遍，又與前文所提及的王恕、許讚、呂柟多有連結，除在學術思想上一脈相承外，也具體將關學「以禮為教」的理念實踐於地方，頒行鄉約、勸俗文等，一方面具改正風俗之效，另一方面則重申禮法之制。而產自陝西一帶士夫之手的《聖訓演》，顯然深受關學影響，以致文中多有「以禮為教」、「以禮化民」的思想。有鑑於此，《聖訓演》一書可視為富含關學「以禮為教」思想的文本。「以禮為教」的特色為注重實踐，且以

「緣俗則禮行」作為主要精神，並對民間習俗特別重視。[107]從本節所討論的《聖訓演》來看，這群明代士人所重視的「以禮為教」思想確實特意著重民俗禮儀，因此對婚喪之俗的改正著力甚深。

第三節　婦德與女教

　　《聖訓演》一書雖以六諭為主軸，但內容龐雜，共有上、中、下三卷，卷下即摘錄不少歷代女教典籍，其內容分為「統論婦德」與「專論婦功」兩部分，分別依時代先後擷取歷代典籍中相關之記載，並且每則記述之後皆有張玠的按語。據西安府儒學教授張玠所言，「此卷取諸《養蒙內訓》而更定之者也」，但檢索相關資料，均不見有名為《養蒙內訓》的女教書，疑已散佚。但由於此文本出自陝西一帶，又僅以「婦德」、「婦功」兩類為主，內容的揀擇，或有其地域性特色，以下將詳加分疏並探討其意義。

婦正柔順，行孝道

　　首先，在「統論婦德」的部分，共收錄（東漢）班昭《女誡》、（東漢）荀爽《女戒》、（曹魏）程曉《女典》、（西

107　〔日〕小島毅，〈明代禮學の特色〉，收入林慶彰，蔣秋華主編，《明代經學國際研討會論文集》（臺北：中央研究院中國文哲研究所，1996），頁373-392。張壽安，《十八世紀禮學考證的思想活力——禮教論爭與禮制重省》（臺北：中央研究院近代史研究所，2001）。

晉）張華《女史箴》、（北宋）張載《女戒》、（南宋）陳淳
《小學禮詩》、（元）楊維禎《女史詠》、（明）〈御製為善陰
騭詩〉、〈御製孝順事實詩〉。張玠分別為其作按語，按語皆以
「《養蒙內訓》曰」為開頭，僅摘錄按語重點以示說明：[108]

東漢・班昭《女誡》──按：「壼內之訓，莫備此書。凡為
女婦者，終身從事焉可也。」

晉・張華《女史箴》──按：「本為宮壼作，然其警刺，有
通於上下者，亦女婦所當知也。」

宋・張載《女戒》──按：「橫渠張先生所以戒女婦者甚
詳，真命世之格言也。」

宋・陳淳《小學禮詩》──按：「北溪陳先生《禮詩》若干
篇，以隱括小學，此則專言內則者，故錄之。」

元・楊維禎《女史詠》──按：「元鐵厓先生楊廉夫詩有諷
有頌，得三百篇美刺之旨，凡女婦皆當知所勸懲者。」

明・〈御製為善陰騭詩〉、〈御製孝順事實詩〉──按：
「右二詩皆文廟御製，永樂間頒之臣民。其書備載古今為善行孝
之人，且各附以二詩，茲特摘女婦之預選者，詩亦止錄一章，從
簡便也。」

仔細檢視上述對歷代女教作品的按語內容可以發現，皆以
「女婦所當知」、「戒女婦者甚詳」、「女婦皆當知所勸懲」等

---

[108] 以下內容均引自《聖訓演》卷下，詳參〔明〕唐錡纂，龔守愚編，許讚贊，《聖
訓演》，頁515-569。

語敘述，明顯透露意在藉這些作品規範婦女的德行，「統論婦德」的部分是為了訓誡、教育女性而摘錄的內容。職是之故，其主要著重於對婦女教化的用心，統論歷代女教書中婦德的重點，作為教育地方社會婦女的內涵。而明代〈御製為善陰騭詩〉、〈御製孝順事實詩〉因詳載古今為善行孝的事例，亦可供婦女參考，說明「為善」與「孝順」也在其所重視的婦德之列。

其所收錄的內文中，張載《女戒》：「婦道之常，順惟厥正。婦止〔正〕柔順。是曰天明，天之顯道」，認為女性應貞正柔順，方為婦道之表現。明代呂柟也曾指出「家人利在女子之正而已」、「女正而後有夫婦，有夫婦而後有父子兄弟，有父子兄弟而後有君臣。天下之禮，皆從此出，風化由此而成。」[109]顯示關學一系對於婦道之理念，即是要求女子貞正，並認為「禮」皆由此出。此亦說明《聖訓演》下卷之所以摘錄許多女教規訓，實與關學思想中的婦女觀息息相關。

職蠶績，事桑麻

其次，「專論婦功」則錄有荀子《蠶箴》二賦、唐・〈享先蠶樂章〉、宋・梅堯臣〈蠶具詩〉、宋・秦觀《蠶書》、宋・婁璹〈織圖詩〉、元・趙孟頫〈織圖詩〉。張玠的按語依序為：

楚・荀子《蠶箴》二賦——按：「蓋婦功不出蠶、箴二事，

---

[109] 〔明〕馬理，《溪田文集》（收入許寧、朱曉紅點校，《馬理集》，西安：西北大學出版社，2014），卷4，〈周易贊義・家人卦〉，頁135。

聖諭與教化——明代六諭宣講文本《聖訓演》探析

卿以時人不知所初，故托詞以諷，有古風人之遺意焉。」

唐·〈享先蠶樂章〉──按：「《唐書·樂志》皇后親蠶迎神用永和，升壇用肅和，登歌奠幣用展敬，迎俎用潔誠，飲福送神用昭慶。今以冠前，使讀者知蠶事之重如此。」

宋·秦觀《蠶書》──按：「載淮南秦少游《蠶書》十篇，一曰種變，二曰時食，三曰制居，四曰化治，五曰錢眼，六曰鎖星，七曰添梯，八曰車，九曰禱神，十曰戒治。今以其書傳寫訛桀，無善本可參校，且所載皆充事，恐難通行，故但取其序及〈戒治〉篇，以見作者之意云爾。」

宋·婁璹〈織圖詩〉──按：「宋朝義大夫婁璹撰〈織圖詩〉凡二十四章，與〈耕圖詩〉若干章，嘗經進御，其言紅女之事備矣。」

元·趙孟頫〈織圖詩〉──按：「元翰林學士承旨趙孟頫撰〈織圖詩〉，自注云奉懿旨作者。」

根據上述按語，再以其「專論婦功」來看，明顯可見「婦功不出蠶、筬二事」、「其言紅女之事備矣」，以及《蠶書》、〈織圖詩〉等內容，可知其所欲「專論」的為婦功中關於婦女紡織一事，特別強調蠶桑絲織對於婦女的重要性。至於何以特意著重蠶桑絲織的婦功，應與陝西地區的特性有關。根據史念海的研究，自古以來關陝一帶即有蠶桑業的基礎。[110]若仔細考察陝西等

---

[110] 史念海，〈陝西地區蠶桑事業盛衰的變遷〉，《河山集·三集》（北京：人民出版社，1988），頁188-277。相關研究仍有史念海，〈黃河流域蠶桑事業盛衰的

地方志，普遍可見「西安府其俗，男耕女桑」、[111]「男務耕獵，女職蠶績」、[112]「男勤稼穡，女事桑麻」、[113]「民務農桑，俗尚勤儉」[114]等記載，甚至「貴家大族皆力蠶桑」。[115]因此，可以推斷《聖訓演》卷下「專論婦功」的部分，摘錄大量《蠶書》、〈織圖詩〉或蠶、箴等內容，應是為了教化地方社會的婦女，皆能以職蠶績、事桑麻作為女性的婦功，這也符合陝西的地區特性，可能此時蠶桑業開始出現衰落的跡象，故特意著重蠶桑絲織的婦功，意在恢復當地蠶桑生產。

再者，如詳細考察所摘錄的內容，「專論婦功」的部分有，宋‧婁璹〈織圖詩〉：「春風老不知，蠶婦忙如許」、「辛勤減眠食，顛倒著衣裳」、元‧趙孟頫〈織圖詩〉：「婦人能蠶桑，家道當不窮」，在這些織圖詩中，一方面描述蠶婦的辛苦，另一方面說明婦人從事蠶績也能成為家庭的經濟來源。「統論婦德」的部分則對於張載《女戒》的評價甚高，指稱「橫渠張先生所以戒女婦者甚詳，真命世之格言也。」而針對陳淳《小學禮詩》則謂「北溪陳先生《禮詩》若干篇，以櫽括小學，此則專言內則

變遷〉，《河山集》（臺北：弘文館出版社，1986），頁278-305。
[111] 〔清〕沈青崖纂，劉於義修，《（雍正）陝西通志》，卷45，〈風俗〉，頁5a。
[112] 〔清〕沈青崖纂，劉於義修，《（雍正）陝西通志》，卷45，〈風俗〉，頁11b。
[113] 〔清〕沈青崖纂，劉於義修，《（雍正）陝西通志》，卷45，〈風俗〉，頁14a。
[114] 〔清〕沈青崖纂，劉於義修，《（雍正）陝西通志》，卷45，〈風俗〉，頁14b。
[115] 〔清〕沈青崖纂，劉於義修，《（雍正）陝西通志》，卷45，〈風俗〉，頁5a。

者，故錄之。」強調對婦女在家庭內必須遵守的規範。仔細審視陳淳《小學禮詩〔詩禮〕》，蘊含許多嚴謹的女教規範，如「男正位乎外，女正位乎內。男女無相瀆，天地之大義。」、「女十年不出，姆教婉娩從。執麻治絲繭，觀祭納酒漿。」此實為「男女」篇所摘錄，大多根據儒家經典中所規範的內容，用於教育童蒙子弟，教導日常生活各項儀節等事。但此處因特意針對女教，故省略「男十年出外，就傅學書記。學樂學射御，學禮學孝悌」一句，可以推斷《小學禮詩》原非著重婦女之教，因此張玠的按語表明「此則專言內則者，故錄之。」此外，陳淳為朱熹門人，作此書時也曾受朱熹影響，藉此闡揚其理學之道。清代陳宏謀也說「蓋歌詠所以養其性情，而步趨因以謹儀節」，對其著作表示欣賞之意。[116]

　　整體觀之，不論是「統論婦德」或「專論婦功」，歷代典籍的摘錄中，宋代均錄有兩則事例，其中也將張載列入，此與本文第二節所論的「以禮為教」仍有關聯。不過，關於女教的規範，則可以從《聖訓演》卷下所摘錄的內容中有所發現，對婦女的規範特別嚴格，反映深受理學影響，不僅凡事須合於禮，也要能化於俗。

---

[116] 〔清〕陳宏謀，《五種遺規》（收入《四部備要‧子部》，臺北：臺灣中華書局，1965），卷上，〈陳北溪小學詩禮〉，頁9-12。此處《小學禮詩》疑有誤，因筆者所見相關資料多以《小學詩禮》為名。

＊　＊　＊　＊　＊　＊　＊　＊　＊　＊

　　洪武三年（1370）正式頒行《大明集禮》後，其中禮制多以《家禮》為主要依據，顯示《朱子家禮》與國家禮典互補，也反映其確實深具影響力。[117]《朱子家禮》的主要內容為冠婚喪祭等禮儀規範，小島毅指出明代士人大多藉《朱子家禮》以規範百姓，試圖「化民成俗」，因而出現明代社會的「執禮」風潮。[118]

　　整體而言，《聖訓演》一書的內容成於諸多士人之手，有「三原學派」的王恕、靈寶許氏家族的許讚（其父許進曾任陝西按察使）、巡按陝西監察御史唐錡、陝西提學副使龔守愚、蒲城縣儒學教諭徐效賢、西安府儒學教授張玠，以及馬理、呂柟等人，說明在關學脈絡下的影響與連結中，《聖訓演》對「禮」亦十分重視，同時，也顯示該書地域性特色非常顯著。

　　因此，總結來說，經過本章考察《聖訓演》的內容之後，可以梳理出以下重點：一是開啟六諭疏解的濫觴，釐清《聖訓演》在明代六諭宣講文本中的定位。二則與關學息息相關，旨在發揚「以禮為教」、「以禮化俗」的精神，進而使禮教下滲至基層社

---

[117] 張文昌，《制禮以教天下──唐宋禮書與國家社會》（臺北：臺大出版中心，2012），頁449-460。關於明初議禮的過程，可參見羅仲輝，〈論明初議禮〉，收入王春瑜主編，《明史論叢》（北京：中國社會科學出版社，1997），頁74-92。

[118] 〔日〕小島毅，〈明代禮學的特色〉，收入林慶彰，蔣秋華主編，《明代經學國際研討會論文集》（臺北：中央研究院中國文哲研究所，1996），頁373-392。

會。三為對女教的規範十分嚴謹，並且融入陝西一帶的地域性因素，以教育女性事蠶桑作為主要的婦功。

第四章
以禮為教：
《聖訓演》與明代的地方教化

是錄也，西土曷能專承，放諸四海，咸嘉賴之。與聞風
教，是用鋟梓，布之郡邑。

——龔守愚，〈恭題聖訓演後〉

第一節 《聖訓演》內容的流傳

　　在《聖訓演》後序中，龔守愚指出本書所錄「放諸四海，咸
嘉賴之」，據本書扉頁「嘉靖二十一年五月，內賜羅州牧使金益
壽《聖訓演》一件，命除謝恩。左承旨臣洪。」[1]可知本書確實
曾流傳至朝鮮，再加上此處「是用鋟梓，布之郡邑」亦說明本書
已普遍刊行，廣布於鄉里。由此觀之，《聖訓演》一書內容的流
傳確有進一步討論之必要。

---

[1]　〔明〕唐錡纂，龔守愚編，許讚贊，《聖訓演》（收入北京大學圖書館編，《北
京大學圖書館藏朝鮮版漢籍善本萃編》，重慶：西南師範大學出版社，2014），
頁575。

從前述各章有關《聖訓演》一書的討論可知，其內容大多為規範基層社會的教民準則，尤其以「禮」為核心，藉由禮教申明儒家倫理綱常及社會儀俗的要點。隆慶二年（1568）進士于慎行（1545-1608）所著《穀山筆麈》引元代理學家許衡（1209-1281）之語云：「凡喪祭嫁娶必徵於禮，以倡鄉人，一時風俗丕變，儒者成物之效也。嘗謂，士大夫進而在位，當以政教率天下，退而里居，當以禮教率鄉人。」[2]強調士大夫居於鄉里，其主要職責即在於將「禮教」落實於地方，並使鄉人皆能明曉此道。《聖訓演》集結了三原學派王恕、靈寶許氏家族許讚等名儒的注疏及贊語，再由地方官編纂而成後推行於鄉里，便是明代中期以後，士人「以禮教率鄉人」的實例。朱鴻林在討論山西、河南地區的鄉約案例時，已指出「嘉靖後鄉約多含講解洪武木鐸詞之事，時流行《聖訓演》一書」，[3]惜未詳述緣由，本文以下即就明代中期以後《聖訓演》廣泛流傳的具體情形作進一步的考察。

王恕六諭注疏的流傳

若細究《聖訓演》一書內容的流傳，可以發現王恕疏解與許讚的贊語已多受時人推崇並實行。如弘治十八年（1505）進士顧鼎臣即指出導民成俗的太祖六諭，有王恕、許讚一代名德為其

---

[2] 〔明〕于慎行撰，呂景琳點校，《穀山筆麈》（收入《元明史料筆記叢刊》，北京：中華書局，1984），卷16，〈論略〉，頁190。

[3] 朱鴻林，〈明代中期地方社區治安重建理想之展現——山西河南地區所行鄉約之例〉，《中國學報》，第32輯（韓國，1992.8），頁89。

註贊，而錦州知州也尊奉此本並表彰於當地。[4]又，嘉靖十七年（1538）任許州知縣的張良知，字幼養，安邑運城人，為呂柟門人，作有〈許昌鄉約〉，並刊刻明王恕六諭疏解及許讚贊語於聖訓亭。呂柟於嘉靖十八年（1539）〈許昌新建鄉約所記〉稱其聽聞張良知治許州不僅明示法例，且建鄉約之時，欣喜道「以今律例之切近者，補解鄉約之未備，許民有不入善者，鮮矣」。[5]雖未有直接證據表明其沿用王恕、許讚的注贊，但應可推斷呂柟曾參考許昌鄉約內容，以補解州鄉約之不足。

　　不僅如此，先前呂柟在貶謫前往解州時，途經潞州東火村，見仇時茂率鄉人舉行〈藍田呂氏鄉約〉，也特別表達欣賞之意。至解州後，呂柟選州之良民善眾百餘人，倣行於解梁書院。但苦無定規，仇氏將其所行〈鄉約條件〉寄予呂柟，請其校編。呂柟遂併舊所抄略於《大明會典》中諸禮參附之，後行於解城，是為〈解州鄉約〉，並以此為修身齊家之旨，化民成俗之道。[6]顯見呂柟除了創建解梁書院、「令諸父老講行〈太祖皇帝教文〉及〈藍田呂氏鄉約〉、〈文公家禮〉」之外，也參酌《大明會典》等禮儀規範，融會於鄉約之中。[7]

4　〔明〕顧鼎臣，《顧文康公三集》（收入《四庫全書存目叢書》，集部第55冊，臺南：莊嚴文化事業公司，1997），卷3，〈祖訓六言書後〉，頁24a、24b。

5　〔明〕呂柟，《涇野先生文集》（收入《四庫全書存目叢書》，集部第61冊，據明嘉靖三十四年于德昌刻本影印，臺南：莊嚴文化事業公司，1997），卷19，〈許昌新建鄉約所記〉，頁41b、42a、42b。

6　〔明〕呂柟，《涇野先生文集》，卷20，〈鄉約集成序〉，頁46a、46b。

7　〔明〕馬理，《溪田文集》，卷5，〈南京禮部右侍郎涇野呂先生墓誌銘〉，頁332。

值得注意的是，呂柟所仿效的仇氏〈雄山鄉約〉中，曾提及仇楫「刊印三原冢宰王公註釋太祖高皇帝木鐸訓辭數百冊，本鄉人給一冊，勸其講而行之」，[8]說明仇氏也採用王恕所注疏的六諭疏解。此種情況似乎並不少見，如嘉靖二十年（1541），《項氏家訓》：

> 伏讀太祖高皇帝訓辭，曰：『孝順父母、尊敬長上，和睦鄉里，教訓子孫，各安生理，毋作非為。』嗚呼，這訓辭六句，切於綱常倫理，日用常行之實。使人能遵守之，便是孔夫子見生。使個個能遵守之，便是堯舜之治。謹仿王公恕解說，參之俗習，附以己意，與我族眾大家遵守。[9]

從「謹仿王公恕解說」便可知項氏是參考王恕六諭注疏，再依據習俗不同「附以己意」。

　　又，嘉靖二十一年（1542），山西絳州陶氏編纂《陶氏家教》一書，於書中「首錄大冢宰三原王端毅公所註皇祖聖教，次錄大明律子孫所易犯者十八條及十惡。曰：十八條不謹則將入於十惡，可不懼哉？次錄少宗伯高陵呂涇野所修《大明會典》中士庶人冠婚喪祭四禮。」再以聖教之毋作非為及大明律十八條戒人

8　〔明〕何塘，《柏齋集》（收入《四庫全書珍本叢書》六集，臺北：臺灣商務印書館，1973），卷10，〈宿州吏目仇公墓誌銘〉，頁15b。
9　〔明〕項喬撰，方長山、魏得良點校，《項喬集》（收入《溫州文獻叢書》，第4輯，上海：上海社會科學院出版社，2006），卷8，頁513。

為惡，並直指大可以教天下，小可以教一家。[10]在《陶氏家教》中，不僅收錄王恕疏解，也將大明律及呂柟所修之四禮規範一併納入，一方面可宣揚王恕所註解之太祖六諭意涵，另一方面則有教民化俗之功效。

除正德、嘉靖年間外，直至萬曆朝，仍有此類相關記述，如萬曆五年（1581）進士甘士價（1545-1608），從徽州黟縣調任丹陽知縣時「攜所嘗行鄉約」，鄉約中得見「聖諭六條繼以王三原公所為訓釋，又繼以我丹陽風土習俗所宜，公〔甘士價〕為增損四十六款，欲以行於境內」。[11]萬曆十五年（1587），四川提學郭子章（1543-1618）推行鄉約時，自述其「首刻聖諭六條，次三原王尚書注、先師胡廬山〔胡直〕先生疏，併律條勸戒，為一卷。」[12]由此可知，王恕注疏從正德年間以來已然廣為流傳，且融於鄉規族約之中，普遍行於鄉里。同時，也可見許讚的贊語並非一直與王恕注疏合併流傳，也有單獨取用王恕疏解的情形。

然而，在馬理〈運城鄉學養蒙精舍記〉中曾記載：

---

[10] 〔明〕何塘，《柏齋集》，卷5，〈陶氏家教序〉，頁18a-20a。

[11] 〔明〕姜寶，《姜鳳阿文集》（收入《四庫全書存目叢書》，集部第127冊，據明萬曆刻本影印，臺南：莊嚴文化事業公司，1997），卷17，〈丹陽縣鄉約序〉，頁8a。

[12] 〔明〕郭子章，《蠙衣生粵草》（收入《四庫全書存目叢書》，集部第154冊，據明萬曆十八年周應鰲刻本影印，臺南：莊嚴文化事業公司，1997），卷2，〈聖諭鄉約錄序〉，頁1b。

夫古峰〔余光〕尊師取善，非自用也。夫鄉約雄山仇氏嘗
行之，涇野呂子仲木〔涇野〕為解州判曰，嘗為仇氏〔時
茂〕訂正，行於解城，解俗至今美焉。古峰乃又教學於
斯，安邑人太學生王世相者，仲木之徒也，古峰嘗選為約
贊，呈十善，即榜而行之。[13]

可知這些早期鄉約如余光〈河東運城鄉約〉、仇氏〈雄山鄉約〉
以及呂柟〈解州鄉約〉等均有相互沿襲的情況，並在呂柟修訂後
而逐漸完備，顯然呂柟相當重視禮儀的規範，更藉由鄉約的形
式，含括太祖六諭於其中，具體實踐於解州的地方教化。直到呂
柟升任南京吏部考功司郎中時，解州士民「感泣而送之河干。既
去，則豎碑於州，識遺愛焉」。馬理書其墓誌銘時更稱其學識
「得程〔頤〕、張〔載〕之正，與晦庵朱子而媲美者也」，顯見
呂柟的學行確為世儒所宗。[14]而且，王恕注疏應在此中受到推廣
與流傳，雖未必皆有直接引用之跡，但疏解的大義必然有密切
相關。

注疏內容的流變

據前述已知王恕注疏後來多被廣泛用於各地方鄉約及家族
規訓之中，但若從「注疏內容」的流變來看，據陳時龍初步的

---

[13] 〔明〕馬理，《溪田文集》，輯佚，〈運城鄉學養蒙精舍記〉，頁580、581。
[14] 〔明〕馬理，《溪田文集》，卷5，〈南京禮部右侍郎涇野呂先生墓誌銘〉，頁
330-334。

探討，應可分為四種版本：弘治十二年（1499）〈太祖高皇帝聖旨碑〉、嘉靖十五年（1536）唐錡《聖訓演》、嘉靖三十七年（1588）程曈〈聖諭敷言〉、萬曆年間章潢〈聖訓解釋〉。本文所討論的《聖訓演》即在其中，雖陳文指稱「如果回到唐錡與王恕的〈聖訓解〉來，我們也無法確定唐錡獲得〈聖訓解〉的途徑」。[15]但經過筆者仔細的梳理後，可以釐清《聖訓演》是一本深具地域特性的著作，尤以陝西一帶為主。而王恕的三原學派便與陝西地區有關，且深切影響明代關學的發展。在師承王恕、王承裕父子的三原人馬理所作〈南京戶部尚書平川先生王公行實〉中，即載錄「御史唐錡亦上疏曰：『古心直道偉然，有其父端毅之風，居家教人允矣，為是邦名德之望。』」[16]可知陝西巡按御史唐錡必然是受到關學的影響，將王恕注疏收錄於《聖訓演》一書，藉此教化鄉里百姓。因此，若從《聖訓演》的地域特性及關學的背景脈絡來看，即可推論出唐錡採用王恕六諭注疏的原因。

其次，陳時龍對王恕注疏內容的版本流變情形，大致可分為家訓族規的程曈《聖諭敷言》、具鄉約性質的章潢《聖訓解釋》，以及蘊含地域特性的《聖訓演》。指出此時王恕的六諭注

---

[15] 陳時龍接著寫道「唐錡寫在嘉靖三十六年〈聖訓演後序〉中說道⋯⋯」，此處嘉靖三十六年（1557）應有筆誤，〈聖訓演後序〉實為嘉靖十六年（1537）所題，可知其對《聖訓演》的瞭解仍未十分透徹。然而，關於王恕注疏內容的版本異同，陳文已有說明，此處不再贅述。詳見陳時龍，〈王恕的聖諭六條詮釋及其影響〉，中央研究院明清研究推動委員會主辦，「明清研究」國際學術研討會會議論文，臺北，2019年8月28-30日。

[16] 〔明〕馬理，《谿田文集》，卷5，〈南京戶部尚書平川先生王公行實〉，頁324-330。

疏流傳已廣，且被使用的層面也漸趨多元，但皆僅止於六諭注疏的部分，其他如《聖訓演》中、下卷所載之婚喪禮俗與婦德婦功等內容，均未見有流傳之相關記載，證明《聖訓演》確實是專屬於陝西一帶的宣講文本，有其地域特性。同時，也顯見《聖訓演》有別於其他六諭宣講文本僅單獨著錄六諭注疏的內容。

　　總結來說，透過本節的討論，大體可釐清兩個概念，一為王恕注疏普遍被使用的情形，二是王恕注疏內容約有四種版本。兩者均可視為王恕注疏普遍流傳的事證。然而，又因王恕注疏收錄於《聖訓演》，兩者緊密相連，得以由此觀察《聖訓演》的文本特性。《聖訓演》既然身為一地域性的宣講文本，廣泛流傳的自然並非《聖訓演》本身，而是《聖訓演》中「王恕注疏」的部分，其疏解經流傳後，普遍被使用於各地鄉約與家訓，顯然深具代表性。然而，又因目前所見最早的六諭疏解即是收錄於《聖訓演》一書的「王恕注疏」，《聖訓演》的重要性由此可見一斑。另一方面，《聖訓演》的地域特性，更可據此考察關陝一帶鄉里教化之實踐，以及關學對明代士大夫所形成的影響——即「以禮化俗」。

第二節　地方教化的實踐

　　「以禮為教」是宋儒張載（1020-1077）所提倡的理學思想，其後在關中地區講學，形成「關學」學派。張載曾在正學書

院講學倡道，元代許衡後亦講學於此，說明許衡「退而里居，以禮教率鄉人」的主張，或與張載的思想有關。[17]黃宗羲（1610-1695）曾說：「關學世有淵源，皆以躬行禮教為本，而涇野先生〔呂柟〕實集其大成。」[18]可知「以禮為教」確是關學的基本內涵。故此，有學者認為，「張載學說有兩個最重要的特點，一是以氣為本，二是以禮為教。後來關中地區的學者，大多傳衍了以禮為教的學風，而未能發揚以氣為本的思想。」[19]顯示關陝一帶士人多受此學風影響。至有明一代，關學在士人群體中依舊具有影響力。學者指出，明代關學的發展大體可分為三個階段，明初的代表為王恕（1416-1508）、王承裕（1465-1538）父子的三原學派，致力於地方學術的發展；明中期則有呂柟（1479-1542）、馬理（1474-1556）將關中理學發展至高峰；明代中後期的主要代表為馮從吾（1556-1627）。[20]這些士人多與《聖訓演》

---

17 〔元〕許衡著，陳朝雲點校，《許衡集》（鄭州：中州古籍出版社，2009），〈魯齋書院記〉，頁379。

18 〔清〕黃宗羲著，沈芝盈點校，《明儒學案》（北京：中華書局，2008），〈師說〉，頁11。

19 陳俊民，《張載哲學與關學學派》（臺北：臺灣學生書局，1990），〈張岱年序〉，頁V。

20 清人全祖望（1705-1755）稱：「關學自橫渠而後，三原、涇野、少墟、累作累替，至先生而復盛。」參見〔清〕全祖望，《鮚埼亭集》（收入《續修四庫全書》，上海：上海古籍出版社，2002），卷12，〈二曲先生窆石文〉，頁10a。有關明代關學的發展，可參見呂妙芬，〈明清之際的關學與張載思想的復興：地域與跨地域因素的省思〉，收入劉笑敢主編，《中國哲學與文化》，第7輯，《明清儒學研究》（桂林：廣西師範大學出版社，2010），頁25-58。張親霞、鄭榮，〈論明代關學的基本特徵〉，《西北大學學報（哲學社會科學版）》，第38卷4期（2008.7），頁39-43。

一書的編纂有關，其重要性由此可見一斑。

　　作為陝西地區的教化文本《聖訓演》，與關學之間實有密不可分的連結。透過考察關學發展的脈絡，可以釐清《聖訓演》相關編纂者皆深具關學的背景，從這些士人的互動，也發現他們對於地方風俗之教化付出不少心力。《聖訓演》本身即是一士人群體展現其地方教化實踐的具體事證。本節即意在討論這群士人對地方教化的具體實踐，分梳其如何展現自身「以禮為教」的理想以及對於鄉里社會的影響。

　　如第二章所提及，時人視馬理為「今之橫渠」，亦稱其「執禮如橫渠」。「橫渠」指宋代著名理學家張載（1020-1077），字子厚，世居大梁，後因僑寓陝西鳳翔郿縣橫渠鎮講學，世稱「橫渠先生」。又因張載及其弟子多為陝西關中人，而成為「關學」的開創者。[21]張載在與程頤對答時曾謂：「秦俗之化，亦先自和叔有力焉」，[22]和叔即呂大鈞（1029-1080）的字，陝西藍田縣人，宋仁宗嘉祐二年（1057）進士，曾任三原知縣。張載倡道於關中時，呂大鈞與其為同年好友，因「心悅而好之，遂執弟子禮」，成為張載的學生。而「橫渠之教，以禮為先」，呂大鈞便以此原則制訂〈藍田呂氏鄉約〉，以「德業相勸」、「過失相規」、「禮俗相交」、「患難相恤」為教條，使得關中風俗為之

---

[21] 錢穆，《宋明理學概述》（臺北：臺灣學生書局，1977），頁52。
[22] 〔宋〕程顥、程頤著，《二程集》（臺北：里仁書局，1982），〈洛陽議論〉，頁115。

一變。[23]張載及其弟子呂大鈞「以禮為教」的思想以及鄉約等規範，至有明一代，仍有一群士人如王恕、王承裕、馬理、呂柟等，不僅傳承其理學思想，更持續「以禮化民」，具體實踐於鄉里。換言之，地方士人肩負鄉里關係及道德禮儀的維護，必須對世俗風教有所承擔，此即「儒學世俗化」的過程。[24]但明代化民成俗的方式除了承繼宋代理學家的思想之外，士人亦十分重視太祖六諭，尤其對於各諭意涵深入淺出的闡述。

關中士人的教化實踐

討論明代士人對鄉里教化的具體實踐，《聖訓演》可以作為最佳例證，因其融王恕注疏、刑部尚書許讚贊語、陝西監察御史唐錡、提學副使龔守愚、蒲城縣儒學教諭徐效賢，以及西安府儒學教授張玠等人的教化思想於一書，可說集結了諸多明代士人的地方教化理念，為其他文本所未見。但經筆者搜檢明清兩代關陝等地方志，未見直接敘及宣講《聖訓演》及其具體影響的記載。不過，以《聖訓演》為核心向外擴展，探尋相關教化實踐的發展，及其與《聖訓演》之間的連結，則有以下案例：

首先，以世居山西潞安府雄山鄉東火村的仇氏家族為例，有

---

[23] 〔明〕黃百家纂輯，〔清〕全祖望修訂，何紹基校刊，《宋元學案》（臺北：廣文書局，1971），卷31，〈教授呂和叔先生大鈞〉，頁529-533。

[24] 關於儒學世俗化的研究，可參見王爾敏、吳倫霓霞，〈儒學世俗化及其對於民間風教之浸濡——香港處士翁仕朝生平志行〉，《近代史研究所集刊》，第18期（1989.6），頁75-94。

學者稱仇氏〈雄山鄉約〉為「民辦鄉約的代表」。[25]仇氏以孝義
著稱,如仇朴、仇欄事繼母如親生,仇欄於母疾之時朝夕侍奉,
仇勳於其父仇楫病癱吐瀉時不離床褥,皆受旌表為孝子。[26]仇氏
世居潞安府雄山東火鎮,仇楫、仇朴、仇欄依序為孟、仲、季三
兄弟,曾祖仇述方,祖父仇鏞,父親仇鶴。正德五年(1510),
議立家範,舉行呂氏鄉約。[27]仇氏家範及所行鄉約皆以孝悌禮讓
為鄉人所宗,[28]也廣受時人的注意,如呂柟便對創立鄉約的仇楫
讚譽有加,稱其可謂「潞安之鄉賢、宿州之名宦」。[29]馬理也曾
在〈答潞州義門仇時淳書〉中記述與呂柟、何瑭(1474-1543)
討論東山書院從祀先賢時提及「若端毅〔王恕〕之注聖教,見今
率由,可不祀乎?」[30]說明在諸多先聖先賢之中,王恕為太祖六
諭作的注疏,有裨於風俗教化。而且據何瑭〈宿州吏目仇公墓誌
銘〉中所載,仇氏是先復刊王恕六諭注疏之後才舉行藍田呂氏鄉
約,可知其推行的順序,實以王恕六諭注疏為優先。[31]凡此在在

---

[25] 曹國慶,〈明代鄉約推行的特點〉,《中國文化研究》,總第15期(1997.1),
頁17。
[26] 〔清〕《潞安府志》(收入《新修方志叢刊》,臺北:臺灣學生書局,據清順
治十八年刊本影印,1968),頁848。關於仇氏家族之研究,仍可參見李建武,
〈明代宗族與地方教化──以山西潞安府仇氏家族為例〉,《太原師範學院學報
(社會科學版)》,第15卷4期(太原,2016.7),頁11-14。
[27] 〔明〕呂柟,《涇野先生文集》,卷29,〈明義官仇君時淳墓誌銘〉,頁
20a-24a。
[28] 〔明〕何瑭,《柏齋集》,卷4,〈贈石崑處士仇時間序〉,頁20b。
[29] 〔明〕呂柟,《涇野先生文集》,卷18,〈宿州吏目仇君時濟去思碑記〉,頁
625、626。
[30] 〔明〕馬理,《溪田文集》,卷4,〈答潞州義門仇時淳書〉,頁321。
[31] 〔明〕何瑭,《柏齋集》,卷10,〈宿州吏目仇公墓誌銘〉,頁15b、16a。

顯示仇氏與馬理、呂柟、何塘等人多有聯繫，不僅遵循王恕六諭注疏，也實行藍田呂氏鄉約，亦屬關學脈絡下的一員。

潞州仇氏〈雄山鄉約〉可說是與《聖訓演》具有密切相關性的作品，根據何塘〈宿州吏目仇公墓誌銘〉稱：「正德五年（1510），仇氏兄弟議立家範，舉行呂氏鄉約，並刊印三原冢宰王公註釋太祖高皇帝木鐸訓辭數百冊，本鄉人給一冊，勸其講而行之」[32]，仇氏所施行的鄉約，正好落在王恕注疏的成化年間與《聖訓演》成書的嘉靖十五年（1536）之間，而仇氏〈雄山鄉約〉也是參照王恕的六諭注疏，並且「本鄉人給一冊，勸其講而行之」。雖如今未能得見仇氏〈雄山鄉約〉之全文，但從呂柟、何塘、馬理等人的文集中，仍可略知一二。尤以呂柟、何塘對仇氏之生平行實所載較為詳細，可見他們的交情不淺，抑或同受關學的影響，進而透過立鄉約實行以禮教民的思想，應可推斷仇氏所行鄉約應是早於《聖訓演》且採行王恕注疏之文本，惜已不見載於史冊。

其次，呂柟見仇氏家範鄉約等事，進而仿行於解州的〈解州鄉約〉，為其嘉靖三年（1524）遭貶謫解州時所作，並設立解梁書院。鄉約中寫道：「諸耆老善人，每朔望或七八日到書院，可將《大誥》並律令及《藍田呂氏鄉約》、《日記故事》、近日本府發下《諭俗恒言》，摘其開心明目，關係身家風化，孝如曾

---

[32] 〔明〕何塘，《柏齋集》，卷10，〈宿州吏目仇公墓誌銘〉，頁15b。

參酒肉、伯俞泣杖，悌如田真荊樹，友如管鮑分金，化盜如陳寔、王烈等。」[33]其以《大誥》、《藍田呂氏鄉約》、《日記故事》、《諭俗恒言》等為主要講解文本。此與《聖訓演》中卷提及「將《日記故事》、《為善陰騭》、《孝經》、《小學》各摘數條以類相附講論者，以六訓備示為人之理」[34]相同，鄉約會講均採行《日記故事》等通俗文本，以期鄉里易於明曉。

從時間順序上來看，呂柟〈解州鄉約〉早於《聖訓演》，恰好也是落在王恕注疏的成化年間與《聖訓演》成書的嘉靖十五年之間。再加上前述所說呂柟或有參照王恕六諭注疏的可能，可以說明呂柟〈解州鄉約〉與仇氏〈雄山鄉約〉皆是早於《聖訓演》且採行王恕注疏之文本。

因此，仇氏〈雄山鄉約〉與呂柟〈解州鄉約〉均可見其藉鄉約之手，將王恕六諭注疏推行至地方的情形。不過，今日寓目所及，《聖訓演》當屬最早採納王恕六諭注疏的文本，且對往後六諭宣講文本的發展及體例架構奠定基礎。另外，朱鴻林在其鄉約研究中曾有「嘉靖後鄉約多含講解洪武木鐸詞之事，時流行《聖訓演》一書」的論斷，[35]再加上本節的推論，可說明「時流行《聖訓演》一書」應是指王恕六諭注疏的普遍通行，而《聖訓

---

[33] 〔明〕呂柟，《涇野先生文集》，卷20，〈致書解梁書院辰王二上舍〉，頁46a、46b。

[34] 〔明〕唐錡纂，龔守愚編，許讚贊，《聖訓演》，頁481。

[35] 朱鴻林，〈明代中期地方社區治安重建理想之展現──山西河南地區所行鄉約之例〉，《中國學報》，第32輯（韓國，1992.8），頁89。

演》中、下卷的內容則因其地域性因素，尚未得見相關流傳之記載。

　　總體而言，以《聖訓演》為核心向外延伸，可以發現與其具有相關連結的文本，有正德五年（1510）的仇氏〈雄山鄉約〉與嘉靖三年（1524）的呂柟〈解州鄉約〉，兩者均有抄錄王恕六諭注疏的情形。此外，王恕、王承裕、馬理、呂柟、唐錡、仇氏家族等這群士人之間的連結，可謂同處於「關學」的學術思想體系。由此可知，關中士人特別重視「以禮為教」、「化民成俗」的理想，並屢屢出現在其對於鄉里社會的具體實踐中。

▊ 結論

　　洪武三十年（1397），明太祖設立木鐸之制，要求木鐸老人每月朔、望之日，巡行鄉里，宣誦聖諭六言：「孝順父母，尊敬長上，和睦鄉里，教訓子孫，各安生理，毋作非為」。「六諭」最早起源於南宋朱熹任漳州知縣時教化民眾的勸諭榜，而影響朱熹制定〈勸諭榜〉的關鍵，則是宋代曉諭榜文的開端——北宋陳襄〈勸諭文〉。明太祖於是借用朱熹〈勸諭榜〉中的教民理念作為教化百姓的「六諭」。明代六諭宣講的方式由最初的「流動宣誦」轉為明中期以後「定點會講」的模式，並自嘉靖以後因鄉約制度的盛行，湧現諸多六諭宣講文本，部分收錄於趙克生整理的《明朝聖諭宣講文本匯輯》。可知六諭宣講終明一代的發展歷程，已從單純二十四字六諭的宣誦，轉變成大量衍伸各諭意涵的宣講文本。

　　關於六諭的演繹，從前輩學者的研究中已知，六諭大多與鄉約、家訓結合，有的將六諭疏之為目，條列於鄉約中，也有的以說理與詩歌形式呈現，甚至於晚明出現援引善惡報應故事，或內文附錄大明律例的體例。明太祖「聖諭六言」短短的二十四

字，至明中期以後經士人演繹疏解，產生許多不同的六諭宣講文本，且六諭逐漸融於鄉約族規之中，可知明代士人據「聖諭」以「教化」百姓的情形十分普遍。大體而言，即是以聖諭為核心作為教化鄉里社會的宗旨。然而，明代士人開始對六諭進行大量注疏與衍義且編纂成書的情形，實自嘉靖八年（1529），曾任陝西巡按御史的王廷相（1474-1544），將六諭與鄉約結合的題准上奏後，漸使六諭成為地方士人教化百姓的思想，因此出現諸多宣講六諭的文本。其中，《聖訓演》成書於嘉靖十五年（1536），為目前所見最早的六諭宣講文本，共分為上、中、下卷，分別融匯六諭演繹、糾正地方風俗、重視女教等內容，再加上參與編纂的士大夫與北宋張載關學緊密連結，值得進一步探析。

考察與《聖訓演》相關的士人可以發現，王恕的「三原學派」，名列《關學編》的王承裕、呂柟及馬理，身任陝西巡按監察御史的唐錡、提學副使龔守愚，地方儒學教官徐效賢、張玠，不論從地緣關係、師承關係、推行「以禮為教」的理念等面向，均與陝西地區或關學發展有緊密的連結。由此可知，《聖訓演》為這群士大夫在關學的學術脈絡下所共同形塑而成，也是一深具地域特性的宣講文本。

就《聖訓演》的體例架構而言，上、中、下卷各不相同，內容也分別針對不同面向有所著力，可說是三個不同文本的結集，亦可說是編者有心彙整相關記述於一。上卷以六諭為主軸，為各

論進行疏解，體例編排依序為王恕注疏、許讚贊語、嘉言語錄以及善行事例。中卷開篇為「察院公移」，載錄監察御史唐錡出巡陝西後的訓誡、「為正婚喪以敦風化」之事，以及「喪約五條」，針對陝西地區婚喪禮俗的敗壞，訓誡地方百姓，導民正俗。下卷則有「統論婦德」與「專論婦功」兩類，「專論婦功」一類所記均以蠶桑紡織的內容為主，凸顯陝西地區的產業發展。

根據趙克生整理《明朝聖諭宣講文本匯輯》，大致可以看出明代演繹六諭體例之演變趨勢，除疏解內容的形式多元以外，加入善惡報應故事也已成定式。不過目前所見的六諭宣講文本中，未有如《聖訓演》一般，篇幅完整長達九十葉，且以三卷彙集成冊者，也未見《聖訓演》中、下卷側重婚喪禮儀的正俗與女教婦德的規訓，固可視為本書獨特之處，另一方面更可反映本書乃出自陝西地區的教化文本。

再者，綜觀《聖訓演》內容的考察，可以發現宋代理學家對明代士人的影響，以張載的「關學」與本文的連結最為緊密，同時，可見明代關學士人在地方社會施行鄉約、《家禮》的情況十分普遍，也具體將「以禮為教」的理念實踐於地方。因此，可以分疏出三個重點：其一，《聖訓演》開啟明代六諭注疏濫觴，為往後諸多六諭宣講文本奠定基礎。其二，本書多有彰顯「以禮為教」、「以禮化俗」等精神之處，與關學的發展有密不可分的連結，也使禮教逐漸下滲至基層社會。其三，特別重視女教的規

範，且著重蠶桑絲織的婦功，明顯將陝西一帶的地域因素納入其中。然而，本書有關關陝一帶禮俗改正、蠶桑婦功的要求，實與鄉約規範地方的概念一致，可說《聖訓演》也帶有鄉約的性質，惟其成書年代較早，尚未具體將聖諭與鄉約融會於同一文本，而是以分卷勸化的型態呈現。

此外，王恕六諭注疏的形式雖然未有明代晚期范鋐《六諭衍義》等宣講文本中，附以詩歌、大明律例，以及明顯著重善惡果報思想的體例。但王恕注疏透過援引大量《日記故事》的內容，作為善報事例，以通俗易懂且貼近百姓生活經驗的故事，使民知曉其中涵義。相形之下，儘管《聖訓演》的體例較單調、疏解內容言簡意賅，但卻為往後的六諭宣講文本建立規制。

與其他六諭宣講文本相較之下，《聖訓演》一書的特色在於，上卷收錄的六諭注疏為王恕所作，是目前可知最早對六諭進行演繹的士大夫，且多為後人所沿襲，說明本書的體例有其開創性。中卷強調禮俗改革，下卷特重婦女的蠶桑絲織，一方面凸顯關學士人「以禮為教」的理念，另一方面體現陝西一帶蠶桑業的地域特色。

值得注意的是，王恕注疏的內容在有明一代已普遍被沿襲使用，例如章潢《聖訓解釋》、程曈《聖諭敷言》的疏解內容均與《聖訓演》有很高的相似度。朱鴻林的鄉約研究指出「嘉靖後鄉約多含講解洪武木鐸詞之事，時流行《聖訓演》一書」。經筆者仔細考察後，可知廣泛流傳的是《聖訓演》中王恕對六諭的注

疏，自正德年間以來，已普遍被使用於各地鄉約族規中。另外，如欲討論明代士人對鄉里教化的具體實踐，《聖訓演》可以作為最佳例證，同時，以《聖訓演》為核心向外探尋相關教化實踐的發展，可以發現正德五年（1510）潞州仇氏〈雄山鄉約〉與嘉靖三年（1524）呂柟〈解州鄉約〉均有抄錄王恕六諭注疏的情形。除可說明王恕注疏流傳之廣及深具代表性以外，最早收錄王恕注疏的《聖訓演》之重要性由此可見一斑。同時，本書不僅集結諸多明代士人的教化理念，也將其具體實踐於影響所及的關陝一帶，換言之，《聖訓演》實乃承載了明代關學士人鄉里教化實踐之理想。因此，可將《聖訓演》一書視為富含關學「以禮為教」思想的文本。

綜言之，《聖訓演》一書蘊含士人對六諭的詮釋、關學脈絡下的「以禮為教」、地域因素下的禮俗與女教。因此，藉由本書的考察，可以發掘本書所反映的面向，即為明代基層社會的「教化」，與士人藉「聖諭」以發揚其理學思想有關，尤以關學特重「禮」一事，在在呈顯「禮教下滲」的趨勢。與《聖訓演》相關的研究議題目前尚未受到學界太多關注，如欲在本研究的基礎上展望未來，一方面可以從書籍環流的角度深入探討，[36]另一方面

---

36 在《北京大學圖書館藏朝鮮版漢籍善本萃編》的《聖訓演》中，封面寫著「聖訓演（全）」，扉頁有「嘉靖二十一年五月，內賜羅州牧使金益壽《聖訓演》一件，命除謝恩。左承旨臣洪」，以及第一頁「宣賜之記」與「養安院藏書」兩個印記。據此線索可以推斷，《聖訓演》一書曾流傳朝鮮與日本兩地，後又收錄於北京大學圖書館，顯示此書可作為東亞書籍環流的例證。詳見本書緒論，頁30-32的說明。

則因明代六諭至清代仍有所延續，可藉此綜觀整個明清兩代的聖諭發展情形。

▋後記

　　洪武三十年（1397），明太祖的聖諭六言：「孝順父母，尊敬長上，和睦鄉里，教訓子孫，各安生理，毋作非為。」其用意是為了教化百姓。明代士人也對此六諭進行解釋，讓百姓們知曉箇中道理與意涵，反映明代士人對社會的關懷。其中，較早纂成的六諭宣講文本就是本書所介紹的《聖訓演》。甚至，明末范鋐《六諭衍義》經琉球傳入日本後，成為日本近代修身科教科書的重要內涵，用於平民教育的啟蒙及訓誨。而這看似簡單明瞭的二十四個字，在我們現今的社會之中，卻未必人人都能做到。學歷史又立志從事歷史教育工作的我，希望能從過去的歷史中，如實傳達這個淺顯易懂的道理及其發展的脈絡。

　　這本小書是由我的碩士論文修訂而成，也是我在師大歷史所的學習成果。我的碩士論文曾改寫後於2021年初中國明代研究學會的「青年學者論文發表會」上進行報告，謝謝與會師長的寶貴意見。並在2021年3月獲得「郭廷以先生獎學金」，得以出版為師大歷史系專刊，能夠獲此殊榮，給予我莫大的肯定。感謝匿名審查委員的修改建議與指正，我已遵照建議，增補《聖訓演》全

文作為本書「附錄」。其中，我對一位審查委員稱「本文自非徒據資料庫史料檢索而可成事者」特別有感觸，因為在撰寫論文的過程中，確實須在圖書館逐頁搜檢大量史料，並經常待上一整天的時間。但我的學識與能力著實不足，本書內容若有任何錯誤之處，文責自負。

就讀碩士班期間，有幸能受到林麗月老師的悉心指導，開拓了我對歷史研究的視野。非常感謝老師每次都花費許多時間與我討論論文，且不厭其煩地給予我意見與指正，並在老師的敦促下，我才得以完成這本碩士論文。因此，這本論文的誕生，皆須歸功於麗月老師。除了跟著老師學習論文寫作之外，老師也經常教導我許多待人處事之道及分享人生哲理。對我來說，這些都是十分珍貴的經驗，能夠在麗月老師身旁學習，是我唸研究所最大的收穫。

同時，感謝口試委員陳熙遠老師、衣若蘭老師的指正與寶貴建議。以及感謝師大歷史系葉高樹老師、吳翎君老師、臺北大學歷史系何淑宜老師、中央大學歷史所蔣竹山老師、東華大學歷史系張璉老師、王崇峻老師、黃熾霖老師、陳進金老師、陳鴻圖老師、潘宗億老師與竹南高中劉寶玲老師們的諄諄教誨與照顧。特別要感謝吳翎君老師在師大時給予我許多幫忙，雖然老師的研究領域與我的論文方向不同，但也看見老師對於學術研究的熱忱與著述不輟的堅持，亦是我可以學習與效法的人生態度。

此外，學長姐對我的照顧與關心也是我持續努力寫作的動

力，尤其是吳政緯學長，從大學以來即相識至今，學長經常與我分享論文寫作的經驗，令我深受啟發，也不時關心我的生活。以及莊郁麟、張庭瑀、黃亮清、江趙展、陳崇安、任傑、邱威智、白晅等學長姐平時的照顧，再加上修課及論文撰寫期間江昱緯、方昱智、洪慈惠、張安理、何昱璇同學們的相互扶持，均是我在研究所學習的路上不可或缺的夥伴。

在研究所這趟旅程中，不僅令我拓寬人生的視野，也與許多人相識，這一路以來的點點滴滴，有不少收穫與成長，均是我邁向未來的養分。謝謝沿途中所遇見的您們。

最後，衷心感謝我的父母及家人，支持我做的每一個決定，並從旁給予關懷及無微不至的照顧。謹將本書與獎項獻給我的父母：林新田、黃杏怡，祝福您們平安、健康、快樂。

林晉葳

2023.08.27

▊ 徵引書目

一、古籍文獻

（一）官書、典籍

《明太祖實錄》，臺北：中央研究院歷史語言研究所，1968。

《明太祖寶訓》，臺北：中央研究院歷史語言研究所，1967。

《明太宗實錄》，臺北：中央研究院歷史語言研究所，1966。

《明世宗實錄》，臺北：中央研究院歷史語言研究所，1966。

《明宣宗寶訓》，臺北：中央研究院歷史語言研究所，1966。

《明英宗實錄》，臺北：中央研究院歷史語言研究所，1966。

《明武宗實錄》，臺北：中央研究院歷史語言研究所，1966。

《朝鮮王朝實錄》，首爾：國史編纂委員會，1973。

〔漢〕司馬遷，〔日〕瀧川龜太郎，《史記會注考證》，臺北：藝文印書館，1959。

〔漢〕劉向，《列女傳》，北京：中華書局，1985。

〔魏〕王弼，〔晉〕韓康伯注，《周易》，據四部備要經部中華書局相臺岳氏家塾本校刊影印，臺北：臺灣中華書局，1974。

〔晉〕干寶，黃滌明譯注，《搜神記全譯》，湖北：貴州人民出版社，1991。

〔晉〕《新校本晉書并附編六種》，收入楊家駱主編，《中國學術類

編》，臺北：鼎文書局，1972。

〔北魏〕崔鴻，《十六國春秋》，收入四川大學圖書館編，《中國野史集
　　成》，成都：巴蜀書社，1993。

〔劉宋〕范曄，《後漢書》，收入《四部文明》，據宋紹興刊本影印，西
　　安：陝西人民出版社，2007。

〔唐〕令狐德棻等撰，《晉書》，收入《四部文明》，西安：陝西人民出
　　版社，2007。

〔宋〕《新校本宋書附索引》，收入楊家駱主編，《中國學術類編》，臺
　　北：鼎文書局，1975。

〔宋〕謝維新編，《古今合璧事類備要·前集》，收入《景印文淵閣四庫
　　全書》，臺北：臺灣商務印書館，1983。

〔元〕脫脫等奉敕纂修，《宋史》，北京：中華書局，1977。

〔明〕申時行等奉敕撰，《大明會典》，據萬曆十五年司禮監刊本影印，
　　臺北：國風出版社，1963。

〔清〕張廷玉等奉敕纂修，《明史》，北京：中華書局，1997。

（二）地方志

〔明〕《安溪縣志》，收入《天一閣藏明代方志選刊》，第33冊，據寧波
　　天一閣藏明嘉靖刻本影印，上海：上海古籍書店，1972。

〔明〕《淳安縣志》，收入《天一閣藏明代方志選刊》，第16冊，據寧波
　　天一閣藏明嘉靖刻本影印，上海：上海古籍書店，1981。

〔明〕《豐乘》，收入《天一閣藏明代方志選刊續編》，據明嘉靖刻本影
　　印，上海：上海古籍書店，1990。

〔明〕薛應旂撰，《浙江通志（六）》，據明嘉靖四十年刊本影印，臺
　　北：成文出版社，1983。

〔明〕趙廷瑞修，馬理、呂柟纂，董健橋等校注，《陝西通志》，西安：
　　三秦出版社，2006。

〔明〕范淶修、章潢纂，《南昌府志》，據明萬曆十六年刊本影印，臺

北：成文出版社，1989。

〔明〕呂柟纂修，《高陵縣志》，收入《中國方志叢書》，華北地方第541號，據明嘉靖二十年刊本影印，臺北：成文出版社，1976。

〔明〕李培等修，黃洪憲等纂，《（萬曆）秀水縣志》，收入《中國方志叢書》，華中地方第57號，據明萬曆二十四年刊本影印，臺北：成文出版社，1970。

〔明〕高鶴纂修，《（嘉靖）定遠縣志》，收入《四庫全書存目叢書》，史部地理類第196冊，據明嘉靖刻萬曆增修本影印，臺南：莊嚴文化事業公司，1996。

〔明〕韓邦靖纂修，《（正德）朝邑縣志》，收入《中國方志叢書》，華北地方第540號，據明正德十四年刊本影印，臺北：成文出版社，1976。

〔清〕戴治修，洪亮吉、孫星衍纂，《澄城縣志》，收入《中國地方志集成・陝西府縣志輯》，南京：鳳凰出版社，2007。

〔清〕沈青崖纂，劉於義修，《（雍正）陝西通志》，收入《中國地方志集成・陝西省志輯》，22冊，據清雍正十三年刻本影印，南京：鳳凰出版社，2011。

〔清〕鄂爾泰等監修，靖道謨等編纂，《雲南通志》，收入《景印文淵閣四庫全書》，史部地理類第570冊，據中國國家圖書館藏本影印，北京：商務印書館，2006。

〔清〕焦雲龍修，賀瑞麟纂，《三原縣新志》，收入《中國方志叢書》華北地方第539號，據清光緒六年刊本影印，臺北：成文出版社，1976。

〔清〕《潞安府志》，收入《新修方志叢刊》，據清順治十八年刊本影印，臺北：臺灣學生書局，1968。

（三）文集、筆記及其他

〔宋〕朱熹，《晦庵集》，收入《景印文淵閣四庫全書》，集部第1146

冊，臺北：臺灣商務印書館，1983。

〔宋〕朱熹，《四書章句集注》，臺北：臺大出版中心，2016。

〔宋〕李元弼，《作邑自箴》，收入《四部叢刊續編》，史部第238冊，
　　據上海涵芬樓景印宋刊本影印，臺北：臺灣商務印書館，1966。

〔宋〕李昉，《太平御覽》，據上海涵芬樓影印宋本複製重印，北京：中
　　華書局，1960。

〔宋〕程顥、程頤，《二程集》，北京：中華書局，1981。

〔宋〕高斯得，《恥堂存稿》，收入《四庫全書珍本別輯》，集部別集
　　類，臺北：臺灣商務印書館，1975。

〔宋〕陳宓，《復齋先生龍圖陳公文集》，收入《續修四庫全書》，
　　第1319冊，據南京圖書館藏清抄本影印，上海：上海古籍出版社，
　　2002。

〔宋〕陳襄，《古靈集》，收入《四庫全書珍本叢書》三集，臺北：臺灣
　　商務印書館，1972。

〔宋〕陳襄，《州縣提綱》，收入《四庫全書珍本別輯》，史部職官類，
　　臺北：臺灣商務印書館，1975。

〔宋〕真德秀，《西山文集》，收入《景印文淵閣四庫全書》，集部第
　　203冊，臺北：臺灣商務印書館，1986。

〔宋〕黃榦，《勉齋集》，收入《景印文淵閣四庫全書》，集部第1168
　　冊，臺北：臺灣商務印書館，1983。

〔宋〕鄭至道、彭仲剛編，應俊輯補，《琴堂諭俗編》，收入《四庫全書
　　珍本》初集，據故宮博物院所藏文淵閣本影印，臺北：臺灣商務印書
　　館，1969。

〔元〕王惲，《秋澗集》，收入《景印文淵閣四庫全書》，集部第139
　　冊，臺北：臺灣商務印書館，1983。

〔元〕王結，《王文忠集》，收入《欽定四庫全書》，集部別集類，臺
　　北：藝文出版社，1972。

〔元〕許衡著，陳朝雲點校，《許衡集》，鄭州：中州古籍出版社，
　　2009。

〔明〕文林，《文溫州集》，收入《四庫全書存目叢書》，集部第40冊，據明刻本影印，臺南：莊嚴文化事業公司，1997。

〔明〕方揚，《方初菴先生文集》，收入《四庫全書存目叢書》，集部第156冊，據明萬曆四十年方時化刻本影印，臺南：莊嚴文化事業公司，1997。

〔明〕王守仁撰，陳龍正輯，《公移告諭五種》，收入楊一凡、劉篤才編，《中國古代地方法律文獻》，甲編第2冊，北京：世界圖書出版公司，2006。

〔明〕王廷相，《浚川奏議集》，收入《四庫全書存目叢書》，集部第53冊，臺南：莊嚴文化事業公司，1997。

〔明〕王廷相，《浚川公移集》，收入《四庫全書存目叢書》，臺南：莊嚴文化事業公司，1997。

〔明〕王廷相，《王廷相集‧王氏家藏集》，北京：中華書局，1989。

〔明〕王宗沐，《敬所王先生文集》，收入《四庫全書存目叢書》，集部第111冊，據明萬曆元年劉良弼刻本影印，臺南：莊嚴文化事業公司，1997。

〔明〕王恕，《石渠意見》，收入《惜陰軒叢書》，據清道光李錫齡輯刊本影印，臺北：藝文印書館，1967。

〔明〕王守仁，《王陽明全書（三）》，臺北：正中書局，1954。

〔明〕王陽明著，王曉昕、趙平略點校，《王文成公全書》，北京：中華書局，2015。

〔明〕王鏊，《王文恪公文集》，收入《明代基本史料叢刊》，奏摺卷第71冊，北京：線裝書局，2004。

〔明〕于慎行撰，呂景琳點校，《穀山筆塵》，收入《元明史料筆記叢刊》，北京：中華書局，1984。

〔明〕丘濬，《瓊臺會稿重編》，國立臺灣大學電子資源光碟，索書號：(DO)030.86008[disc112]，東京：內閣文庫藏明代稀書，2014。

〔明〕何良俊，《語林》，收入《四庫全書珍本叢書》三集，臺北：臺灣商務印書館，1972。

〔明〕何塘,《柏齋集》,收入《四庫全書珍本叢書》六集,臺北:臺灣商務印書館,1973。

〔明〕項喬撰,方長山、魏得良點校,《項喬集》,收入《溫州文獻叢書》,第4輯,上海:上海社會科學院出版社,2006。

〔明〕姜寶,《姜鳳阿文集》,收入《四庫全書存目叢書》,集部第127冊,據明萬曆刻本影印,臺南:莊嚴文化事業公司,1997。

〔明〕郭子章,《蠙衣生粵草》,收入《四庫全書存目叢書》,集部第154冊,據明萬曆十八年周應鰲刻本影印,臺南:莊嚴文化事業公司,1997。

〔明〕陳鎬纂修,《闕里志》,收入孔子文化大全編輯部編,《孔子文化大全》,濟南:山東友誼書社,1989。

〔明〕楊喬編,《新刻太倉藏板全補合像註釋大字日記故事》,收入《明代通俗日用類書集刊》,第12冊,重慶:西南師範大學出版社,2011。

〔明〕張瑞圖,《日記故事大全》,臺北:廣文書局,1981。

〔明〕陳昭祥輯,《文堂鄉約家法》,據明隆慶六年刻本影印,中央研究院傅斯年圖書館藏光碟,索書號:DVD364.2924405。

〔明〕雷禮纂輯,《國朝列卿記》,收入周駿富編輯,《明代傳記叢刊‧名人類》,臺北:明文書局,1991。

〔明〕郝敬,《時習新知》,臺北:臺灣商務印書館,1983。

〔明〕郝敬,《小山草》,收入《四庫全書存目叢書‧補編》,據明天啟三年刻本影印,濟南:齊魯書社,1997。

〔明〕廖用賢,《尚友錄》,收入《中華漢語工具書書庫》,合肥:安徽教育出版社,2002。

〔明〕顧炎武,《亭林文集》,臺北:漢京文化出版公司,1984。

〔明〕顧鼎臣,《顧文康公三集》,收入《四庫全書存目叢書》,集部第55冊,臺南:莊嚴文化事業公司,1997。

〔明〕李開先,《閑居集》,收入《四庫全書存目叢書》,集部第93冊,據明嘉靖至隆慶刻本影印,臺南:莊嚴文化事業公司,1997。

〔明〕吳仁度，《吳繼疏先生遺集》，收入楊一凡、王旭編，《古代榜文告示彙存》，第1冊，北京：社會科學文獻出版社，2006。

〔明〕呂柟，《涇野先生文集》，收入《四庫全書存目叢書》，集部第61冊，據明嘉靖三十四年于德昌刻本影印，臺南：莊嚴文化事業公司，1997。

〔明〕海瑞，陳義鍾編校，《海瑞集》，上冊，北京：中華書局，1962。

〔明〕耿定向，《耿天台先生文集》，收入《明人文集叢刊》，第1期，臺北：文海出版社，1970。

〔明〕馮從吾輯，〔清〕王心敬增輯，《關學編》，收入《四庫全書存目叢書》，史部第126冊，據清乾隆王氏家刻嘉慶七年周元鼎增刻本影印，臺南：莊嚴文化事業公司，1996。

〔明〕馮從吾撰，陳俊民、徐興海點校，《關學編（附續編）》，北京：中華書局，1987。

〔明〕馬文升，《馬端肅奏議》，收入《文淵閣四庫全書》，第427冊，據國立故宮博物院藏本影印，臺北：臺灣商務印書館，1983。

〔明〕馬理，《溪田文集》，收入許寧、朱曉紅點校，《馬理集》，西安：西北大學出版社，2014。

〔明〕王恕著，張建輝、黃芸珠點校整理，《王恕集》，西安：西北大學出版社，2014。

〔明〕柳應龍撰，《新刊社塾啟蒙禮教類吟》，收入《故宮珍本叢刊》，子部第476冊，海口：海南出版社，2000。

〔明〕高攀龍，《高子遺書》，收入《景印文淵閣四庫全書》，集部第1292冊，臺北：臺灣商務印書館，1983。

〔明〕謝肇淛，《五雜俎》，收入《明清筆記史料叢刊》，第53冊，北京：中國書店，2000。

〔明〕張鹵校刊，《皇明制書》，據萬曆年間刻本影印，臺北：成文出版社，1969。

〔明〕章潢，《圖書編》，收入《四庫全書珍本叢書》五集，臺北：臺灣商務出版社，1973。

〔明〕許讚，《松皋集》，國立臺灣大學電子資源光碟，索書號：(DO)030.86008[disc117]，東京：國立公文書館，2014。

〔明〕唐錡纂，龔守愚編，許讚贊，《聖訓演》，收入北京大學圖書館編，《北京大學圖書館藏朝鮮版漢籍善本萃編》，重慶：西南師範大學出版社，2014。

〔明〕湛若水，《聖訓約》，明嘉靖二十三年刻本，不分卷，臺北：國家圖書館善本室藏。

〔明〕焦竑編，《國朝獻徵錄》，收入周駿富編輯，《明代傳記叢刊》，臺北：明文書局，1991。

〔明〕黃佐，《泰泉鄉禮》，收入《四庫全書珍本叢書》四集，臺北：臺灣商務印書館，1973。

〔明〕黃百家纂輯，〔清〕全祖望修訂，何紹基校刊，《宋元學案》，臺北：廣文書局，1971。

〔明〕葉春及，《石洞集》，收入《四庫全書珍本叢書》五集，臺北：臺灣商務印書館，1974。

〔明〕鄒守益，《東廓鄒先生文集》，收入《四庫全書存目叢書》，集部第65冊，據北京大學圖書館藏清刻本影印，臺南：莊嚴文化事業公司，1997。

〔明〕薛應旂，《方山薛先生全集》，收入《續修四庫全書》，集部第1343冊，據上海圖書館藏明嘉靖刻本影印，上海：上海古籍出版社，2002。

〔明〕薛瑄撰，〔日〕佐藤仁解題，《讀書錄》，收入岡田武彥、荒木見悟主編，《和刻影印近世漢籍叢刊續編》，臺北：廣文書局，1975。

〔清〕黃宗羲，《明儒學案》，收入周駿富輯，《明代傳記叢刊・學林類》，臺北：明文書局，1991。

〔清〕黃宗羲著，沈芝盈點校，《明儒學案》，北京：中華書局，2008。

〔清〕陳宏謀，《五種遺規》，收入《四部備要・子部》，臺北：臺灣中華書局，1965。

〔清〕全祖望，《鮚埼亭集》，收入《續修四庫全書》，上海：上海古籍

出版社，2002。

趙克生整理，《明朝聖諭宣講文本匯輯》，哈爾濱：黑龍江人民出版社，
2014。

二、今人論著

（一）中文專書

丁凌華，《五服制度與傳統法律》，北京：商務印書館，2013。

王天有，高壽仙著，《明史：一個多重性格的時代》，臺北：三民書局，
2008。

王日根，《明清民間社會秩序的考察》，長沙：岳麓書社，2003。

王汎森，《權力的毛細管作用》，臺北：聯經出版事業公司，2013。

牛建強，《明代中後期社會變遷研究》，臺北：文津出版社，1997。

朱祖延主編，舒焚校注，《楚國先賢傳校注》，武漢：湖北人民出版社，
1986。

朱鴻林，《孔廟從祀與鄉約》，北京：生活・讀書・新知三聯書店，
2015。

朱鴻林編，《明太祖的治國理念及其實踐》，香港：香港中文大學，
2010。

何淑宜，《明代士紳與通俗文化─以喪葬禮俗為例的考察》，臺北：國立
臺灣師範大學歷史研究所專刊30，2000。

吳震，《明末清初勸善運動思想研究》，臺北：臺灣大學出版中心，
2009。

呂妙芬，《孝治天下：《孝經》與近世中國的政治與文化》，臺北：聯經
出版事業公司，2011。

呂思勉，《中國通史》，上海：上海古籍出版社，2009。

李弘祺，《學以為己：傳統中國的教育》，香港：中文大學出版社，
2012。

杜正勝，《古代社會與國家》，臺北：允晨文化，1992。

孟淑慧，《朱熹及其門人的教化理念與實踐》，臺北：臺灣大學出版委員會，2003。

孫秋克，《明代雲南文學研究》，昆明：雲南人民出版社，2010。

常建華，《明代宗族研究》，上海：上海人民出版社，2005。

張文昌，《制禮以教天下——唐宋禮書與國家社會》，臺北：臺大出版中心，2012。

張佳，《新天下之化：明初禮俗改革研究》，上海：復旦大學出版社，2014。

張壽安，《十八世紀禮學考證的思想活力—禮教論爭與禮制重省》，臺北：中央研究院近代史研究所，2001。

連啟元，《明代的告示榜文—訊息傳播與社會互動（上）》，臺北：花木蘭文化出版社，2010。

陳俊民，《張載哲學與關學學派》，臺北：臺灣學生書局，1990。

黃彰健，《明代律例彙編》，臺北：中央研究院歷史語言研究所，1979。

楊一凡，《明大誥研究》，南京：江蘇人民出版社，1988。

楊一凡、王旭編，《古代榜文告示彙存》，北京：社會科學文獻出版社，2006。

楊開道，《中國鄉約制度》，山東：山東省鄉村服務人員訓練處，1937。

趙克生，《明代地方社會禮教史論叢：以私修禮教書為中心》，北京：中國社會科學出版社，2011。

潘朝陽主編，《跨文化視域下的儒家倫常（上）》，臺北：臺灣師範大學出版社，2012。

錢穆，《宋明理學概述》，臺北：臺灣學生書局，1977。

羅冬陽，《明太祖禮法之治研究》，北京：高等教育出版社，1998。

（二）中文論文

王汎森，〈清初的下層經世思想：陳瑚、陸世儀與蔚村〉，《大陸雜

誌》，第98卷1期（臺北，1999），頁1-21。

王爾敏、吳倫霓霞，〈儒學世俗化及其對於民間風教之浸濡—香港處士翁仕朝生平志行〉，《近代史研究所集刊》，第18期（臺北，1989.6），頁75-94。

王蘭蔭，〈明代之鄉約與民眾教育〉，《師大月刊》，第21期（北平，1935.5），頁103-122。

史念海，〈陝西地區蠶桑事業盛衰的變遷〉，《河山集‧三集》，北京：人民出版社，1988，頁188-277。

史念海，〈黃河流域蠶桑事業盛衰的變遷〉，《河山集》，臺北：弘文館出版社，1986，頁278-305。

朱鴻林，〈明代中期地方社區治安重建理想之展現—山西河南地區所行鄉約之例〉，收入氏著《致君與化俗：明代經筵鄉約研究文選》，香港：三聯書店，2013，頁117-150。

朱鴻林，〈明代嘉靖年間的增城沙堤鄉約〉，《燕京學報》，新8期（北京，2000.5），頁107-159。

何淑宜，〈岸本美緒教授「明清社會與身分感覺」演講側記〉，《明代研究通訊》，第6期（臺北，2003.12），頁115-120。

余英時，〈現代儒學的回顧與展望—從明清思想基調的轉換看儒學的現代發展〉，收入氏著，《現代儒學論》，臺北：八方文化企業公司，1996，頁1-60。

吳智和，〈明代祖制釋義與功能試論〉，《史學集刊》，1991年第3期（長春，1991），頁20-29。

呂妙芬，〈明清之際的關學與張載思想的復興：地域與跨地域因素的省思〉，《中國哲學與文化（第七輯）》，桂林：廣西師範大學出版社，2010，頁25-58。

呂妙芬，〈歷史轉型中的明代心學〉，收入陳弱水主編，《中國史新論：思想史分冊》，臺北：聯經出版事業公司，2012，頁317-346。

李文治，〈明代宗族制的體現形式及其基層政權作用〉，《中國經濟史研究》，1988年第1期（北京，1988），頁54-72。

李伯重，〈明清江南的出版印刷業〉，《中國經濟史研究》，第3期（北京，2001），頁94-146。

李建武，〈明代宗族與地方教化─以山西潞安府仇氏家族為例〉，《太原師範學院學報（社會科學版）》，第15卷4期（太原，2016.7），頁11-14。

町泉壽郎，〈曲直瀨養安院家與朝鮮本醫書〉，收入王勇主編，《書籍之路與文化交流》，上海：上海辭書出版社，2009，頁442-470。

周振鶴，〈聖諭、《聖諭廣訓》及其相關的文化現象〉，收入氏著，《聖諭廣訓：集解與研究》，上海：上海書店出版社，2006，頁581-632。

周慶許，〈何謂「木鐸之教」〉，《文史知識》，（北京，2010.3），頁78-82。

林桂如，〈明代《日記故事》類書籍之刊印及其在日本之傳播─以《新鍥類解官樣日記故事大全》為中心的考察〉，《東吳中文學報》，第34期（臺北，2017.11），頁91-118。

林麗月，〈科場競爭與天下之「公」：明代科舉區域配額問題的一些考察〉，《國立臺灣師範大學歷史學報》，第20期（臺北，1992.6），頁43-73。

林麗月，〈世變與秩序：明代社會風尚相關研究評述〉，《明代研究通訊》，第4期（臺北，2001.12），頁9-19。

孫曉，〈古代東亞的漢文獻流傳與漢籍之路的形成〉，《社會科學戰線》，第11期（長春，2017），頁113-121。

徐泓，〈《明史紀事本末・開國規模》校讀─兼論其史源運用與選材標準〉，《臺大歷史學報》，20（臺北，1996.11），頁537-615。

徐泓，〈明代社會風氣的變遷─以江、浙地區為例〉，《第二屆國際漢學會議論文集》，臺北：中央研究院，1989，頁137-159。

徐泓，〈明代後期華北商品經濟的發展與社會風氣的變遷〉，《第二次中國近代經濟史會議》，臺北：中央研究院經濟研究所，1989，頁107-175。

高柯立，〈宋代州縣官府的榜諭〉，收入袁行霈主編，《國學研究》，第

17卷（北京：北京大學出版社，2006.6），頁77-108。

崔溶澈，〈韓國古典小說的整理與研究〉，收入鄭毓瑜編，《中國文學研究的新趨向：自然、審美與比較研究》，臺北：臺大出版中心，2005，頁9-28。

張哲郎，〈明太祖的地方控制與里甲制〉，《食貨月刊》，第10卷12期（臺北，1981.3），頁3-18。

張顯清，〈試論明太祖「以教化為本」的治國思想與實踐〉，收入陳支平主編，《第九屆明史國際學術討論會暨傅衣凌教授誕辰九十周年紀念論文集》，廈門：廈門大學出版社，2003，頁153-161。

曹國慶，〈王守仁與南贛鄉約〉，《明史研究》，第3輯（合肥：黃山書社，1993），頁67-74。

曹國慶，〈明代鄉約推行的特點〉，《中國文化研究》，總第15期（北京，1997.1），頁17-23。

曹國慶，〈明代鄉約發展的階段性考察─明代鄉約研究之一〉，《江西社會科學》，第8期（南昌，1993.8），頁24-29。

陳柯云，〈明清徽州宗族對鄉村統治的加強〉，《中國史研究》，第3期（北京，1995），頁47-55。

陳時龍，〈聖諭的演繹：明代士大夫對太祖六諭的詮釋〉，《安徽師範大學學報》，第43卷5期（蕪湖，2015.9），頁611-621。

陳時龍，〈王恕的聖諭六條詮釋及其影響〉，中央研究院明清研究推動委員會主辦，「明清研究」國際學術研討會會議論文，臺北，2019年8月28-30日。

黃一農，〈明清天主教在山西絳州的發展及其反彈〉，《近代史研究所集刊》，第26期（臺北，1996.12），頁1-39。

黃一農，〈從韓霖《鐸書》試探明末天主教在山西的發展〉，《清華學報》，新34卷1期（新竹，2004.6），頁67-102。

黃文樹，〈明代提學官制與孫應鰲〈教秦緒言〉教育訓詞探析〉，《漢學研究集刊》，第9期（雲林，2009.12），頁149-192。

黃彰健，〈明洪武永樂朝的榜文峻令〉，《中央研究院歷史語言研究所集

刊》，46：4（臺北，1974.10），頁557-594。

楊一凡，〈明代榜例考〉，《上海師範大學學報（哲學社會科學版）》，
第43卷5期（上海，2008.9），頁46-60。

熊慧嵐，〈論宋代諭俗文—玉與守牧共天下〉，《新北大史學》，第2期
（臺北，2004），頁29-47。

趙克生，〈從「木鐸宣誦」到「鄉約會講」：明代地方社會的聖諭宣
講〉，《史學月刊》，2012年第1期（開封，2012），頁42-52。

劉王惠箴著，孫隆基譯，〈中國族規的分析：儒家理論的實行〉，收入孫
隆基譯，《儒家思想的實踐》，臺北：臺灣商務印書館，1980，頁71-
119。

劉真，〈宋代的學規和鄉約〉，收入錢穆，《中國學術史論集（一）》，
臺北：中華文化出版事業公司，1963，頁1-27；又收於《宋史研究
集・第一輯》，臺北：國立編譯館中華叢書編審委員會，1980，頁
367-392。

劉祥光，〈中國近世地方教育的發展—徽州文人、塾師與初級教育（1100-
1800）〉，《中央研究院近代史研究所集刊》，28（臺北，1997），
頁1-45。

劉瓊云，〈天道、治術、商品：《忠經》之出版與明代忠文化〉，《中國
文哲研究通訊》，第24卷2期（臺北，2014.6），頁73-120。

劉瓊云，〈我們可以從明代道德故事類書中讀出什麼？—知識編輯、文化
網絡與通俗忠觀〉，《新史學》，第30卷3期（臺北，2019.9），頁
1-73。

濱島敦俊，〈朱元璋政權城隍改制考〉，《史學集刊》，第4期（吉林，
1995），頁7-15。

蕭清和，〈明末天主教徒韓霖《鐸書》中的文本理解與詮釋〉，《輔仁宗
教研究》，第14期（臺北，2006.12），頁127-161。

羅仲輝，〈論明初議禮〉，收入王春瑜主編，《明史論叢》，北京：中國
社會科學出版社，1997，頁74-92。

王四霞，〈明太祖《聖諭六言》演繹文本研究〉，吉林：東北師範大學碩

士學位論文，2011。

陳詩瑋，〈端其蒙養，習與性成：明代的兒童習禮〉，臺北：國立政治大學歷史學研究所碩士學位論文，2019。

（三）外文論著

〔日〕酒井忠夫，《增補中国善書の研究》，東京：国書刊行会，1999。

〔日〕大澤顯浩，〈明代出版文化中的二十四孝─論孝子形象的建立與發展〉，《明代研究通訊》，第5期（臺北，2002），頁11-33。

〔日〕小林義廣，〈宋代の「諭俗文」〉，收入《宋代の政治の社會》，東京：汲古書院，1988，頁35-63。

〔日〕小島毅，〈明代禮學の特色〉，收入林慶彰，蔣秋華主編，《明代經學國際研討會論文集》，臺北：中央研究院中國文哲研究所，1996，頁373-392。

〔日〕井上徹，〈黃佐『泰泉鄉礼』ソ世界─鄉約保甲制ズ關連ウサ〉，《東洋學報》，67卷第3・4號（東京，1986.3），頁81-111。

〔日〕木村英一，〈ジッテと朱子の學〉，《東方學報（京都）》，第22冊（京都，1953.2），頁28-58。

〔日〕阿部泰記，〈中日宣講聖諭的話語流動〉，《興大中文學報》，第32期（臺中，2012.12），頁93-130。

〔日〕佐竹靖彥，〈《作邑自箴》研究─對該書基礎結構的再思考〉，收入川村康主編，《日本學者考證中國法制史重要成果選譯・宋遼西夏元卷》，北京：中國社會科學出版社，2003，頁261-295。

〔日〕馬淵昌也，〈許誥與明清時期人性論的發展〉，收入〔日〕溝口雄三、〔日〕小島毅編，孫歌等譯，《中國的思維世界》，南京：江蘇人民出版社，2006，頁194-219。

〔日〕酒井忠夫，〈中国史上の庶民教育と善書運動〉，收入多賀秋五郎編，《中世アジア教育史研究》，東京：国書刊行会，1980，頁295-316。

〔日〕橋本草子，〈「日記故事」の現存刊本及びその出版の背景について〉，《中國—社會と文化》，第21号（東京，2006），頁108-124。

〔日〕岸本美緒，〈明清時代の身分感覺〉，收入森正夫、野口鐵郎、濱島敦俊、岸本美緒、佐竹靖彥主編，《明清時代史の基本問題》，東京：汲古書院，1997，頁403-428。

附錄
《聖訓演》全文[1]

刑部尚書　臣　許讚著贊

臣讚伏睹我太祖高皇帝〈教民榜訓〉，先後六言，其於古今綱常倫理、日用事物之道盡舉而無遺，斯世斯民所當日夜儆省而遵行之者也。夫道二，善與不善而已矣。聖訓先五言則凡善之所當為者，不可不勉；後一言則凡惡之所不當為者，不可不戒。古昔帝王之治天下也，其目雖多，其要有四：曰惇典，曰庸禮，曰命德，曰討罪。典禮者不出於綱常倫理、日用事物之外，上率之，下由之，順則命之，逆則討之，治天下之道又豈有外於此者乎。聖祖舉以教民至矣，盡矣，美矣，無復以有加矣。

臣讚本以菲才荷蒙聖上擢掌邦禁，深愧辜明刑之任，昧弼教之方。竊惟率土之民，舉遵〈聖訓〉，則比屋可封；人人君子，

---

[1] 〔明〕唐錡纂，龔守愚編，許讚贊，《聖訓演》（收入北京大學圖書館編，《北京大學圖書館藏朝鮮版漢籍善本萃編》，重慶：西南師範大學出版社，2014）。

而刑無事於用矣，刑以無為功。臣仰讀〈聖訓〉，重復思繹，謹著贊語各二十二句，尚愧無以發揚聖祖之洪謨顯烈，而期望斯民遵〈聖訓〉遠刑法，以少裨聖上重熙累洽之化，則區區犬馬之誠，不容自已者焉。

嘉靖九年九月初十日，資善大夫刑部尚書臣許讚稽首頓首謹序。

〈聖訓演〉卷上

「名卿註贊」

孝順父母

解曰：

事奉父母而不忤逆，便是孝順父母。生身養身，劬勞萬狀，恩德至大，無可報答。為人子者，當於平居則供奉衣食，有疾則親嘗湯藥，有事則替其勞苦，和悅顏色，以承順其心志，務要父母身安神怡，不至憂惱。如父母偶行一事不合道理，有違法度，須要柔聲下氣，再三勸諫。如或不從，越加敬謹。或將父母平日交好之人請來，婉詞勸諫，務使父母不得罪於鄉黨，不陷身於不義而後已，此孝順父母之道，為百行之本，萬善之源，化民成俗，莫先於此。故聖祖曾舉以教民，欲我民間各盡事親之仁，輩輩為孝子順孫也。

贊：

天地生人，為物之首。分氣於父，育形於母。父母之恩，天地為偶。孝養順從，深恩莫負。隨其職分，竭力何有。服勞供奉，幾諫無咎。定省扶持，同子及婦。顯親揚名，大孝孰右。孝有大小，理無先後。天地鑒臨，百福皆受。聖訓明明，是遵是守。

嘉言：

孔子曰：「孝子之事親，居則致其敬，養則致其樂，病則致其憂，喪則致其哀，祭則致其嚴，五者備矣，然後能事親。」

《內則》曰：「父母有過，下氣怡色，柔聲以諫。諫若不入，起敬起孝，說則復諫，不說與其得罪於鄉黨州閭，寧熟諫。父母怒不說，而撻之流血，不敢疾怨，起敬起孝。」

曾子曰：「父母愛之，喜而弗忘。父母惡之，懼而無怨。父母有過，諫而不逆。」

孟子曰：「世俗所謂不孝者五：惰其四支，不顧父母之養，一不孝也。博弈，好飲酒，不顧父母之養，二不孝也。好貨財，私妻子，不顧父母之養，三不孝也。從耳目之欲，以為父母戮，四不孝也。好勇鬥狠，以危父母，五不孝也。」

善行：

閔損，字子騫，孔子弟子。早喪母，父娶後妻生二子。母嫉損，所生子衣綿絮衣，損以蘆花絮。父冬月令損御車，體寒失靷，父察知之，欲遣後妻。損啟父曰：「母在，一子寒；母去，三子單。」父善其言而止，母亦感悔，遂成慈母。

孟宗，字恭武，性至善。母年老病篤，冬節將至，思筍食。時地凍無筍，宗入竹林哀泣，有頃，地上出筍數莖，持歸作羹供奉，母食畢病愈，人皆以為至孝所感。

盛彥，字子翁，廣陵人也。母王氏，因疾失明，彥每語及，未嘗不流涕，躬自侍養，母食必自哺之。母既疾久，多怒，婢使

數見捶撻。婢忿恨，伺彥暫行，取蠐螬炙飼之。母食以為美，然疑是異物，密藏以示彥。彥見之，抱母慟哭，幾絕。母目豁然即開，從此遂愈。其後，彥仕至中書侍郎。

王延，字延元，西河人也。九歲喪母，泣血三年，幾至滅性，每至忌月，則悲啼三旬。繼母卜氏遇之無道，恒以蒲穰及敗麻頭與延貯衣。其姑聞而問之，延知而不言，事母彌謹。卜氏當盛冬思生魚，使延求而不獲，杖之流血。延尋汾水，叩陵而哭，忽有一魚長五尺，踊出水上，延取以進母，食之積日不盡，於是心悟，撫延如己生。延事親色養，夏則扇枕席，冬則以身溫被，隆冬盛寒，身無全衣，而親極滋味。父母終後，廬於墓側。

潘綜，吳興烏程人也。孫恩之亂，祅黨攻破村邑，綜與父驃共走避賊。驃年老行遲，賊轉逼驃，驃與綜曰：「我不能去，汝走可脫，幸勿俱死。」驃困乏坐地，綜迎賊叩首曰：「父年老，乞賜生命。」賊至，驃亦請曰：「兒年少自能走，今為我不去，我不惜死，乞活此兒。」賊因斫驃，綜抱父於腹下，賊斫綜頭面，凡四創，綜已悶絕。有一賊從旁來語其眾曰：「此兒以死救父，何可殺之？殺孝子不祥。」賊乃止，父子並得免。宋文帝元嘉四年，有司奏改其里為純孝里，蠲租布三世。

吳逵，烏程人，性孝友。值歲饑大疫，父母暨一家死者十有三人。逵病篤，不能葬，隣里咸以葦裹而埋之。逵愈，家徒四壁，晝則傭賃於人，夜則陶甎伐木，夫妻勤苦，朞月成七墳，葬十三棺，隣里嘉之。逵嘗夜行，道遇虎，虎輒避之，人以為孝義

所感，太守張崇之，勞以羔雁之禮，命補功曹史，遠辭不就。

王崇，字乾邕，陽夏雍丘人也。兄弟並以孝稱，身勤稼穡，以養父母，仕梁州鎮南府主簿。母亡，居喪哀毀瘠瘠，杖而後起，鬚髮墮落，廬於殯所，晝夜哭泣。鳩鴿群至，有一小鳥，素質黑眸，形大於雀，栖於崇廬，朝夕不去。母服初闋，復丁父憂，悲毀過禮。是年夏，風雹所經處，禽獸暴死，草木摧折。至崇田畔，風雹便止，禾麥十頃，竟無損落。及過崇地，風雹如初，咸稱至孝所感。崇雖除服，仍居墓側，室前生草一根，莖葉甚茂，人莫能識。至冬中，復有鳥巢崇屋，乳養三子，毛羽長成，馴而不驚。守令聞之，親自臨視。事聞，詔旌表其門閭。

李諮，字仲詢，新喻人。幼有至性，父文捷出其母，諮日夜號泣，食飲不入口，父憐之而還其母，遂以孝聞。舉進士，宋真宗顧左右曰：「是能安其親者？」擢第三人，除大理評事，累官至戶部侍郎。

夏侯訢，字長況，梁國寧陵人也。母疾，屢經危困，衣不釋帶者二年。母憐其辛苦，令出便寢息。訢方假寐，忽夢其父告之曰：「汝母病深痼，非凡藥可愈，天帝矜汝至孝，賜以仙藥，在居後桑樹枝上。」訢忽驚起，如所言，得藥進之，母病頓瘥。

吳二，臨川水東小民也，事母至孝。一夕，有神來見夢曰：「汝明日午刻，當為雷擊死。」吳以老母在堂，乞救護，神曰：「此受命於天，不可免也。」吳恐驚其母，凌晨具饌以進，白雲將他適，請暫詣妹家，母不許。俄黑雲起，日中天地冥暗，雷

聲闐闐然。吳益恐驚母,趣使閉戶,自出野田,以待其罰。頃之,雲氣廓開,吳幸免禍。亟歸,拊其母,猶疑神言不實,未敢以告。是夜,復夢神曰:「汝至孝感天,已宥宿惡,宜加敬事也。」自是孝養其母終身。

尊敬長上

解曰:

崇重長上,不敢怠慢,便是尊敬。長上不一,有本宗長上,有外親長上,又有鄉黨長上。若伯叔、祖父母、伯叔父母、姑、兄姊、堂兄姊之類,便是本宗長上。若外祖父母、母舅母姨、妻父母之類,便是外親長上。鄉黨之間,有與祖同輩者,有與父同輩者,有與己同輩而年長者,便是鄉黨長上。本宗長上與外親長上,服制雖不同,皆當加意尊敬。遠別則拜見,常會則作揖;行則隨行,遞酒則跪;命之起則起,不命之坐不敢坐;問則起而對,食則後舉筯。遇鄉黨長上,亦當謙恭為之禮,兄是先輩者,則以伯叔稱呼,是同輩者,則以兄長稱呼,坐則讓席,行則讓路。此尊敬長上之道,有謙卑遜順之意,無乖爭凌犯之罪,化民循理,莫切於此。故聖祖次舉以教民,欲我民間各盡敬長之義,人人為賢人君子也。

贊:

人以類聚,名分攸宜。分有長少,名有尊卑。以少凌長,狂悖之知。以卑犯尊,暴慢之為。尊之敬之,惟德之基。致恭盡

禮，和氣柔詞。或坐或行，惟後惟隨。飲食燕會，進勸歡怡。我敬長上，人亦我師。宗里遠近，咸樂秉彝。聖訓巍巍，是勉是思。

嘉言：

《曲禮》曰：「見父之執，不謂進之不敢進，不謂之退不敢退，不問不敢對。」

《曲禮》曰：「年長以倍則父事之，十年以長則兄事之，五年以長則肩隨之。」

《王制》曰：「父之齒隨行，兄之齒鴈行，朋友不相踰。輕任併，重任分，頒白者不提挈。」

《少儀》曰：「尊長于己踰等，不敢問其年。燕見不將命。遇于道，見則面，不請所之。」

《孟子》曰：「徐行後長者，謂之弟；疾行先長者，謂之不弟。」

善行：

楊厚，字廣漢，新都人。厚母與前母子博不相安。厚年九歲，思令和親，乃託疾不言不食，母知其意，恩養博加篤。

王覽，字玄通，瑯琊人，與兄祥友愛甚篤。母朱氏遇祥無道，覽年數歲，見祥被楚撻，輒涕泣抱持。至于成童，每諫其母，其母少止凶虐。朱屢以非禮使祥，覽輒與祥俱。又虐使祥妻，覽妻疾趨而共之。朱患之，乃止。祥喪父之後，漸有時譽，朱深疾之，密使酖祥。覽知之，徑趨取酒，祥疑其有毒，爭而不

與，朱遽奪覆之。自後，朱賜祥饌，覽輒先嘗。朱懼覽致斃，遂止。

劉洛，中山人。縣差充征，弟興私代之，背軍逃歸，州以洛名捕斬。興詣郡，列稱逃是興身，請求代洛死。洛固陳己實正名，宜從憲辟。兄弟爭命，詳刑有疑。慮囚者曰：「洛應征輒留，興冒名逃役，俱應極法。但兄弟競死，義情可嘉，宜特原之。」

崔孝芬兄弟孝義慈厚，孝暐等奉孝芬盡恭順之禮。坐食進退，孝芬不命則不敢也。雞鳴而起，且溫顏色，一錢尺布，不入私房，吉凶有須，聚對分給。諸婦亦相親愛，有無共之。

趙彥霄兄弟二人，父母服闋，同爨十二年。兄彥雲惟聲色博奕是娛，生業壞已愈半。彥霄諫之不入，遂求折籍。及五年，而兄之生計蕩然矣，公私逋負尚三千餘緡。彥霄因除夕置酒，邀兄嫂而告之曰：「向者初無分爨意，以兄用度不節，恐皆蕩盡，俱有饑寒之憂。今幸留一半，亦足以給伏臘，兄自今復歸堂，以主家務。」即取分書，付之火，管籥之屬悉以付焉。因言所少逋負，以己儲錢償之。兄初有慚色，不從，不得已而受之。次年，彥霄與長子俱膺鄉薦，一舉登第，鄉人大敬服之。

李善，字使孫，本南陽李元家奴。元家人疫死盡而巨富，唯有一孫，名續祖，尚在孩抱，諸奴欲共害之，分其財。善乃密負續祖逃避山中，哺養乳，乃自生計。至十餘歲出山，告縣令鍾離意，意悉追其奴殺之而立續祖。光武拜善為太子舍人，後至日

南、九真守。善後在少室得仙道焉。

咸寧中大疫，庚袞二兄俱亡，次兄毗復危殆。癘氣方熾，父母、諸弟皆出次於外，袞獨留不去，諸父兄強之，乃曰：「袞性不畏病。」遂親自扶持，晝夜不眠，十有餘旬，疫勢既歇，家人乃反。毗病得瘥，袞亦無恙，父老咸曰：「異哉，此子守人所不能守，行人所不能行，歲寒然後知松柏之後凋，始知疫癘之不相染也。」

和睦鄉里

解曰：

交好鄉里，不與爭鬥，便是和睦鄉里之人。住居相近，田土相鄰，朝夕相見，出入相隨，若能彼此和睦，不與計較，交相敬讓，無爭差，則喜慶必相賀，急難必相救，疾病必相扶持，婚喪必相資助，有無必相那借。雖說異性，有若一家。日相與居，自無疑忌，作事未有不成。若不相和睦，則爾為爾，我為我，孤立無助，嫌疑互生，作事難成，豈能長久相處，化民和好，莫外於此。故聖祖亦舉以教民，欲我民間興仁興讓，以成仁厚之俗也。

贊：

斯人同處，鳥獸匪儔。鄉里之交，親近易求。仇則不計，好則廣修。和不相爭，睦不相尤。出入相友，患難相周。有無相濟，喜慶相酬。維持夾護，同樂同憂。一鄉同心，一里同謀。人無異慮，譬彼同舟。生聚休養，太平優游。聖訓章章，是欽

是由。

嘉言：

原思為之宰，與之粟九百，辭。子曰：「毋，以與爾鄰里鄉黨乎。」

孔子曰：「里仁為美，擇不處仁，焉得智？」

孟子曰：「死徙無出鄉，鄉田同井，出入相友，守望相助，疾病相扶持，則百姓親睦。」

《藍田呂氏鄉約》曰：「凡同約者，德業相勸，過失相規，禮俗相交，患難相恤。有善則書于籍，有過若違約者，亦書之，三犯而行罰，不悛者絕之。」

善行：

疏廣為太子太傅，上疏乞骸骨，加賜黃金二十斤，太子贈五十斤。歸鄉里，日令家供具，設酒食，請族人故舊賓客，相與娛樂。數問其家金有幾斤，趣賣以供具。嘗曰：「此金者，聖主所以惠養老臣也。故樂與鄉黨宗族〔樂〕享其賜，以盡吾餘日，不亦可乎？」

張湛，矜嚴好禮，動止有則，居處幽室必自修整，雖遇妻子若嚴君焉。及在鄉黨，詳言正色，三輔以為儀表。建武初，為左馮翊，告歸平陵，望寺門而步。主簿進曰：「明府位尊德重，不宜自輕。」湛曰：「《禮》，下公門，軾路馬。孔子於鄉黨，恂恂如也，父母之國所宜自盡，何謂輕哉？」

郭震，字元振，魏州貴鄉人，以字顯。年十六，與薛稷、趙

彥昭同為太學生。家嘗送貲財四十萬，會有縗服者叩門，自言五世未葬，各在一方，今欲同時遷窆，乏於貲財，顧假以治喪，震遂與之，無少吝，以車一時載去，略無留者，卒不問其名氏，深為薛、趙所誚。而震怡然曰：「濟彼大事，亦無誚焉。」十八舉進士，為通泉尉，陞梁州都督，安西大都護，立功邊陲進中書門下三品，遷吏部尚書，封館陶縣男，加代國公，實封四百戶，賜一子官。

吳奎，字長文，維州北海人。初，與鄉人王彭年善，彭年客死京師，奎使長男主其喪事，周恤其家，嫁其二女焉。及他姻族有不能自存者，為畢嫁娶。又以錢二千萬買田北海，號曰義庄，以賙親戚朋友之貧乏者。後官至參知政事，資政殿學士，知青州。卒，贈兵部尚書，諡文肅公。

李士謙為開封府參軍，富財節儉，每以賑施為務。嘗年饑，出粟千石以貸鄉人，明年又饑，人無償，公即對眾焚券，曰：「債已了矣，不須復償。」明年大熟，人爭償之，一無所受。明年又大饑，公復罄家貲以供糜粥，賴以活者萬計。或曰：「公之陰德多矣。」士謙曰：「陰德猶耳鳴，人無得知，唯己獨知。今吾子皆知，何謂陰德？」

趙秋，字子武，汲郡朝歌人也，輕財好施。鄰人李玄度母死，家貧，無以葬。秋曰：「赴死生，救不足，吾之本心也。」家有二牛以與之，玄度得以葬，他年，秋夜行，見一老母，與秋金一餅，曰：「子能葬我，是以相報。子五十已後當富貴不可

言。勿忘玄度也。」後果如母言，官至極品。

教訓子孫

解曰：

指教子孫，使知禮法，便是教訓人家子孫。幼時便當以孝悌忠信之言教之，使知如何是孝，如何是悌，如何是忠與信。知道尊卑上下，自然不敢凌犯。切莫教他說謊，亦莫教他惡口罵人。待稍長，性資聰俊者，擇師教之讀書，務要德器成就，為國家用，光顯門戶。若性資庸下，不能讀書者，亦要指教，使知謹守禮法，勤做生理，慎不可縱其驕惰放肆，自由自在。纔驕惰放肆，自由自在，便去喫酒賭博，無所不為，家門必被其敗壞，產業必被蕩散，此子孫不可不教訓也。家法之嚴，莫過於此。故聖祖亦舉以教民，欲我民間後輩賢達，家門昌盛也。

贊：

子以傳家，孫以繼子。才與不才，教之於始。賢與不賢，學之所使。教我子孫，成之於此。勿教驕惰，勿教邪詭。教以善道，訓以義理。恭讓接人，廉退行己。勤於耕讀，精於藝技。克持家風，廣衍宗祀。子子孫孫，世世繼美。聖訓昭昭，是敬是履。

嘉言：

孔子曰：「弟子入則孝，出則悌；謹而信，汎愛眾，而親仁。行有餘力，則以學文。」

明道先生曰：「憂子弟之輕俊者，只教以經學念書，不得令作文字。子弟凡百玩好，皆奪志。至於書札，于儒者事最近，然一向好著，亦自喪志。」

橫渠先生曰：「教小兒，先要安詳恭敬。今世學不講，男女從幼便驕惰壞了，到長益凶狠，只為未嘗為弟子事。」

朱子曰：「人生八歲皆入小學，而教之以洒掃應對之節，禮樂射御書數之文。」

善行：

孟之母其舍近墓。孟子少時嬉戲，為墓間之事，踴躍築埋。孟母曰：「此非所以居子也。」乃去舍市，其嬉戲為賈衒。孟母曰：「此非所以居子也。」乃徙舍學宮之旁，其嬉戲乃設俎豆，揖讓進退。孟母曰：「此真可以居子也。」遂居之。孟子幼時，問東家殺豬何為？母曰：「欲啖汝。」既而悔曰：「吾聞古有胎教，今適有知而欺之，是教之不信。」乃買豬肉以食之。既長，就學而歸，母問學所至，孟子自若也。母以刀斷其織，曰：「子之廢學，若吾斷斯織。」孟子懼，勤學不息，遂成大儒。

馬援兄子嚴、敦，並喜譏議而通輕俠客。援在交趾，還書誡之曰：「吾欲汝曹聞人過失，如聞父母之名，耳可得聞，口不可得言也。好議論人長短，妄是非政法，此吾所以大惡也。寧死，不願子孫有此行也。龍伯高敦厚周慎，口無擇言，謙約節儉，廉公有威，吾愛之重之，願汝曹效之。杜季良豪俠好義，憂人之憂，樂人之樂，清濁無所失。父喪致客，數郡畢至，吾愛之

重之，不願汝曹效也。效伯高不得，猶為謹勤之士，所謂刻鵠不成，尚類鶩者也。效季良不得，陷為天下輕薄子，所謂畫虎不成反類狗者也。」

諸葛武侯《戒子書》曰：「君子之行，靜以修身，儉以養德，非淡泊無以明志，非寧靜無以致遠。夫學須靜也，才須學也。非學無以廣才，非靜無以成學。慆慢則不能研精，險躁則不能理性。年與時馳，意與歲去，遂成枯落，悲嘆窮廬，將復何及也。」

柳玭嘗著書戒其子弟曰：「壞名災己，辱先喪家，其失尤大者五，深誌之。其一，自求安逸，靡甘澹泊，苟利於己，不恤人言。其二，不知儒術，不悅古道，懵前經而不恥，論當世而解頤，身既寡知，惡人有學。其三，勝己者厭之，佞己者悅之。惟樂戲談，莫思古道，聞人之善嫉之，聞人之惡揚之。浸漬頗僻，銷刻德義，簪裾徒在，廝養何殊？其四，崇好優游，耽嗜麴蘗，以啣杯為高致，以勤事為俗流，習之易荒，覺已難悔。其五，急於名宦，暱近權要，一資半級，雖或得之，眾怒群猜，鮮有存者。余見名門右族，莫不由祖先忠孝勤儉以成立之，莫不由子孫頑率奢傲以覆墜之，易如燎毛，言之痛心，爾宜刻骨。」

范魯公質為宰相，從子杲嘗求奏遷秩，質作詩曉之。其略曰：「戒爾學立身莫若先孝悌。怡怡奉親長，不敢生驕易。戰戰復兢兢，造次必於是。戒爾學干祿，莫若勤道藝。嘗聞諸格言，學而優則仕。不患人不知，惟患學不至。戒爾勿放曠，放曠非端

士。周孔垂名教，齊梁尚清議。南朝稱八達，千載穢青史。戒爾遠恥辱，恭則近乎禮。自卑而尊人，先彼而後己。相鼠與茅鴟，宜鑑詩人刺。戒爾勿嗜酒，狂藥非佳味。能移謹厚性，化為凶險類。古今傾敗者，歷歷皆可記。戒爾勿多言，多言眾所忌。苟不慎樞機，災危從此始。是非毀譽間，適足為身累。舉世重交游，擬結金蘭契。忿怨容易生，風波當時起。所以君子心，汪汪淡如水。舉世好承奉，昂昂增意氣。不知承奉者，以爾為玩戲。所以古人疾，籧篨與戚施。舉世好游俠，俗呼為氣義。為人赴急難，往往陷囚繫。所以馬援書，殷勤戒諸子。舉世賤清素，奉身好華侈。肥馬衣輕裘，揚揚過閭里。雖得市童憐，還為識者鄙。我本羈旅臣，遭逢堯舜理。位重才不充，戚戚懷憂畏。深淵與薄冰，蹈之唯恐墜。爾曹當憫我，勿使增罪戾。閉門斂蹤跡，縮首避名勢。勢位難久居，畢竟何足恃。」

各安生理

解曰：

生理即是活計。若攻讀書史，士之生理也。耕種田地，農之生理也。造作器用，工之生理也。出入經營，坐家買賣，商賈之生理也。至若庸愚不會讀書，無產無本，亦不諳匠藝，與人傭工，甚至挑腳，亦是生理。不安生理者，則是懶惰飄蓬，游手好閒，不顧身名，無籍之徒也。若能各安生理，士之讀書，必至富貴榮華，歡父母，顯祖宗。農工商賈，亦必衣食豐足，可以供

父母妻子之養，亦可以撐持門戶，不為鄉人之所非笑。化民勤業，莫切於此。故聖祖亦舉以教民，欲我民間力致榮貴，家給人足也。

贊：

人之有家，生理為大。不力不食，無產無賴。安此生理，無慕乎外。士安於學，方進於艾。農安於稽，力作為最。工業器用，利濟無害。商通販易，有無相儈。維勤維儉，家計以泰。不安生理，漸習侈汰。家計窘落，追悔無奈。聖訓赫赫，是領是會。

嘉言：

《詩》云：「晝爾于茅，宵爾索綯。亟其乘屋，其始播百穀。」

孔子曰：「飽食終日，無所用心，難矣哉。不有博奕者乎？為之猶賢乎已。」

子夏曰：「百工居肆，以成其事。君子學以致其道。」

孟子曰：「以粟易械器者，不為厲陶冶；陶冶亦以其械器易粟者，豈為厲農夫哉？」

劉子曰：「君子勤禮，小人盡力。勤禮莫如致敬，盡力莫如敦篤。敬在養神，篤在守業。」

善行：

宛孔氏之先，梁人也。用鐵冶為業。秦滅魏，遷孔氏南陽，大鼓鑄，規陂田，連騎游諸侯，因通商賈之利，有游閒公子之

名。然其贏得過當，瘠於纖嗇，家致數千金。故南陽行賈，盡法孔氏之雍容。

龐公未嘗入城府，夫妻相敬如賓。劉表候之，龐公釋耕於壟上，而妻子耘於前。表指而問曰：「先生苦居畎畝而不肯官祿，後世何以遺子孫乎？」龐公曰：「世人皆遺之以危，今獨遺之以安。雖所遺不同，未為無所遺也。」表嘆息而去。

呂正獻公自少講學，即以治心養性為本，寡嗜慾，薄滋味，無疾言遽色，無窘步，無惰容。凡嬉笑俚近之語，未嘗出諸口，于世利紛華、聲伎游宴，以至于博奕奇玩，淡然無所好。

李珏，廣陵郡中人也。世居城市，販糴為業，而珏性端謹，異于常輩。年十五，隨父販糴。父年老，珏繼之。人與之糴，珏即授以升斗，俾令自量，不計時之貴賤，一升只取兩文利，以資父母。歲月既深，衣物甚豐。父恠而問之，具以實對。父曰：「吾之所業，同流者眾，無不用出入升斗，出輕入重，以規厚利，雖官司以春秋較榷，莫斷其弊也。吾早悟之，但一升斗，出入皆用之，自以為無弊矣。汝今更出入，任之自量，吾不可及也。然衣食豐給，豈非神之助耶？」

劉留臺，少極貧，專事趨謁，歲久不能自存。一日，至漳泉市浴堂中，拾金一袋，浴畢，托疾臥堂中，終夕不去。翌日，有一人號泣而來，自言為商于外八年，只收金八十五片，以一袋盛之。昨曉與同行攜到此浴，浴罷，乘月行三十里，始覺其金不見。劉遂舉以還之，商以數片遺之，一無所受。及還，鄉人愈薄

之，責以拾金不能營生，而復來相干。劉答曰：「吾平生賦分，止合如此。若掩他人物以為己有，是欺心矣，必有禍災。況商人辛苦所積，一旦失去，豈不哀哉？吾是以還之。」人皆嘆服其義，忽一夕夢神人告之曰：「汝平生安分不貪，將有大顯，並及汝後嗣。」劉曰：「非某所敢望也。」後果登第，官至西京，留臺子孫在仕途者二十三人。

毋作非為

解曰：

非為即是不善。若殺人放火，姦盜詐偽，恐嚇誆騙，賭博撒潑，行兇放黨，起滅詞訟，挾制官府，欺壓良善，暴橫鄉里，一應不善不當為之事，皆非為也。人若為之，大則身亡家破，小則喫打坐牢，累及父母妻子，有何便益？若能安分守己，不作非為，自然安穩無事，禍患不作。化民為善，莫要於此。故聖祖亦舉以教民，且不曰不作，而曰毋作，是亦禁治之意，欲我民間不犯刑憲，保全身家也。

贊：

作善降祥，作非受厄。善惡之分，惟人所擇。良心不泯，非心且格。寇攘姦宄，戒禁絕革。勿貪人財，勿冒人籍。勿奪人田，勿侵人宅。勿尚忿爭，勿事博弈。凡此作為，目為惡逆。幽有鬼神，明有刑責。為善為惡，孰損孰益。聖訓嚴嚴，是警是繹。

嘉言：

孔子曰：「君子懷德，小人懷土。君子懷刑，小人懷惠。」

《曲禮》曰：「敖不可長，欲不可縱，志不可滿，樂不可極。臨財毋苟得，臨難毋苟免。狠毋求勝，分毋求多。」

古語云：「從善如登，從惡如崩。」

古靈陳先生為仙居令，教其民曰：「為吾民者，無惰農業，無作盜賊，無學賭博，無好爭訟，無以惡凌善，無以富吞貧。行者讓路，耕者讓畔。頒白者不負載于道路。則為禮義之俗矣。」

善行：

郭解，河內軹人也。為人靜悍陰賊，感槩不快意，所殺甚眾。權行州郡，力折公侯。武帝聞之，迺下吏捕解。御史大夫公孫弘議曰：「解，布衣，為任俠行權，以睚眦殺人，大逆無道。」遂族解。

仇覽，字季智，為蒲亭長。有陳元母，告不孝，覽曰：「當是教化未及爾。」乃親往元家，陳人倫孝行。元卒為孝子。

周處，字子隱，膂力絕人，不修細行，州里患之。自知為人所惡，慨然有改厲之志，謂父老曰：「今時和歲豐，何苦不樂？」父老曰：「三害未除，何樂之有？南山白額猛虎，長橋下蛟，并子為三害。」處曰：「吾能除之。」乃入山射殺猛虎，投水搏蛟，遂勵志好學，志存義烈，言必忠信克己。期年，州府交辟。

陳寔，字仲弓，在鄉閭，平心率物，有爭訟輒求判正，曉

譽曲直，退無怨者，至乃嘆曰：「寧為刑罰所加，不為陳君所短。」時歲荒民儉，有夜盜便入其室，止于梁上。寔陰見之，乃起，自整拂，呼命子孫，正色訓之曰：「夫人不可不自勉，不善之人未必本惡。習以性成，遂至於此，梁上君子是矣。」盜大驚，自投於地，稽顙歸罪。寔徐譬之曰：「視君狀貌，不似惡人，宜深剋己反善。然此當由貧困。」令遺絹二匹，一邑無復盜竊。

趙清獻公抃，字閱道。平生所為事，夜必衣冠，露香，拜手，告于天。不可告者，則不敢為也。

司馬光，字君實。嘗言：「吾無過人者，但平生所為，未嘗有不可對人言者爾。」

「增錄事類」

忠類

嘉言：

孔子曰：「進思盡忠，退思補過。將順其美，匡救其惡。故上下能相親。」

子路問事君，子曰：「勿欺也，而犯之。」

孟子曰：「責難於君謂之恭，陳善閉邪謂之敬，吾君不能謂之賊。」

諸葛武侯曰：「鞠躬盡瘁，死而後已。成敗利鈍，非所逆賭

也。」

善行：

（齊）王蠋。燕破齊，聞王蠋賢，求為之將，蠋固謝曰：「忠臣不事二君，貞女不更二夫。齊王不聽吾諫，故退而耕於野。國既破亡，吾不能存；今又劫之以兵為君將，助桀為暴也。與其生而無義，固不如烹。」遂自死。齊大夫聞之曰：「王蠋，布衣也。義猶不背齊向燕，況在位食祿者乎？」

（晉）豫讓。嘗事智伯，及趙襄子殺智伯，漆其頭以為飲器，讓為之報讐。乃變姓名為刑人，挾匕首入襄子宮中。塗廁，襄子入廁心動，左右報讓欲殺之。襄子曰：「智伯死，無後，此人欲為報讐，義士也，吾謹避之。」讓又漆身為癩，吞炭為啞，行乞於市，其妻不識。其友識之，泣曰：「以子之才，臣事趙孟，必得近幸，子乃為所欲為，顧不易耶！何乃自苦如此？」讓曰：「委質為臣，又求殺之，是二心也。吾所以為此者，將以愧天下後世為人臣懷二心者。」後又伏於橋下，欲殺襄子，襄子殺之。

張巡，秉義挺忠，為真源令。至德中，安祿山子慶緒為亂，尹子琦以兵圍睢陽，太守許遠告急於張巡。巡與遠分城而守之，巡守東、北，遠守西、南。睢陽食盡，與士卒同食茶紙代粮；茶紙盡，遂食馬；馬盡，羅雀掘鼠；雀鼠又盡，巡出愛妾，殺以食士，遠亦殺其奴。然後括城中婦女食之，既盡，繼以老弱。人知必死，莫有叛者，所餘纔四五十人。賊登城，將士饑病不能戰。

巡西向再拜曰：「臣力竭矣，不能全城。生既無以報陛下，死當為厲鬼以殺賊。」城遂陷。巡、遠俱被執，巡自死，顏色不亂，陽陽如常。

朱雲，字子游。舉方正，為槐里令，坐廢錮。成帝時，張禹以帝師位特進，甚尊重。雲上書求見，公卿在前，雲上書曰：「今朝廷大臣，上不能匡主，下無以益民，皆尸位素餐。臣願借尚方斬馬劒，斷佞臣一人，以勵其餘。」上問：「誰也？」對曰：「安昌侯張禹。」上怒曰：「小臣居下訕上，廷辱師傅，罪死不赦。」御史將雲下，雲攀殿檻，檻折。雲呼曰：「臣得從龍逢、比干遊於地下，足矣。」

申屠剛，字臣卿，質性方直，常慕史鰌、汲黯之為人。光武嘗欲出遊，剛以隴蜀未平，不宜宴安逸豫。諫不聽，剛以頭軔乘輿輪，帝遂止。

劉安世，字器之。徧歷言路，正色立朝，知無不言，言無不盡。其面折廷爭，至雷霆之怒赫然，則執簡卻立，伺天威少霽，復前極論，一時奏對，且前且卻者，或至四五，殿庭觀者皆汗縮竦聽，至以俚語目公曰「殿上虎」。

陳東，太學生。建中靖國初，上書論蔡京壞亂於前，梁師成陰謀於後，李彥結怨於西北，朱勔結怨於東南，王黼、童貫又結怨於遼、金，叛開邊隙。宜誅六賊，傳首四方，以謝天下，言極憤切。高宗即位，又言乞留相李綱，而速罷黃潛善、汪伯彥，不報。會布衣歐陽澈亦上書言事，甚切直，極詆用事大臣。東與澈

同斬於市，時人莫不流涕。後帝感悟，並追贈承事郎。

　　陳堯佐，字希元，堯叟弟也。嘗知壽州，遭歲大饑，自出米為糜，以食餓者，吏民以故皆爭出米，其活數萬人。堯佐曰：「吾豈以是為私惠耶？盖以令率人，不若身先而使其從之樂也。」後為兩浙轉運副使，錢塘江籜石為堤，堤再歲輒壞。堯佐令下薪實土，堤乃堅久。徙滑州，造木龍以殺水怒，又築長堤。移并州，每汾水暴漲，州民輒憂擾，為其築堤，植柳萬本，作柳溪，民賴其利。遷右諫議大夫，為翰林學士，拜樞密副使，加拜同中書門下平章事，以太子太師致仕，年八十二卒。贈司空兼侍中，諡文惠。

　　陳洎，為開封府功曹。時張獻太后臨朝，族人杖殺一卒，洎當驗屍，太后遣中使十數輩諭旨，吏惶懼，欲以病死聞。洎獨正色曰：「彼實冤死，待我而伸，奈何懼罪而驗不以實乎？爾曹勿預，吾當任咎。」乃自為牘，以白府尹程琳。琳喜曰：「官人用心如此，前程非琳所及。亟索馬入奏，雖大忤旨，而公論歸之。既而，太后原其族人，洎亦不及罪。後洎夢卒告曰：「陰司以公為政公忠，已注公當貴顯，及與公賢子孫。我受公之恩，故來相告。」自此遂顯名，不數年，歷官臺省，終於三司副使。其孫傳道、屢常，皆以詞學顯仕，為一時聞人。

信類

嘉言：

孔子曰：「人而無信，不知其可也。大車無輗，小車無軏，其何以行之哉。」

子貢問政，子曰：「足食，足兵，民信之矣。」子貢曰：「必不得已而去於斯三者，何先？」曰：「去兵。」子貢曰：「必不得已而去於斯二者，何先？」曰：「去食。自古皆有死，民無信不立。」

子夏曰：「與朋友交，言而有信。」

溫公曰：「國保於民，民保於信。」

善行：

季札初使，北過徐君。徐君好季札劍，口弗敢言，季札心知之，為使上國，未獻。還至徐，徐君已死，乃解其寶劍，繫徐君塚樹而去。從者曰：「徐君已死，尚誰與乎？」季子曰：「不然，始吾心已許之，豈以死倍吾心哉？」

魏文侯與虞人期獵，至日大雨，命行，左右止之。文侯曰：「與人期，不可失信。」乃冒雨以赴，於是國人歸之。

郭伋，字細侯，為并州牧。始至行部，到西河美稷，有童兒數百，各騎竹馬於道次迎拜。伋問兒曹何自遠來，對曰：「聞使君到，喜，故來相迎。」伋辭謝之。及事訖，諸兒復送至郭外，問使君何日當還，伋計日告之。行部既還，先期一日，伋為違信

於諸兒，遂止野亭，須期而入，諸兒信服。

范式，字臣卿。少游太學，與河南張邵友。邵字元伯，二人並告歸鄉里，式謂元伯曰：「後二年當過拜令尊親。」乃共尅期。至期，元伯白母，請設饌以候之。母曰：「二年之別，千里結言，亦何信之審邪？」對曰：「臣卿信士，必不乖違。」至日，臣卿果到，升堂拜飲，盡懽而別。

劉安世，字器之，從學於司馬溫公數年。一日，避席問行己之要，可以終身行之者。溫公曰：「其誠乎。吾平生力行之，未嘗須臾離也。故立朝行己，俯仰無愧爾。」公問：「行之何先？」溫公曰：「自不妄語始，自是拳拳弗失，終身行之。」

种世衡，字平仲，知還州，有屬羌牛奴訛索崛強，未嘗出見州官。聞世衡至，乃來郊迎。世衡與約，明日當至其帳，慰勞部落。是夕，雪深三尺，左右曰：「奴訛凶詐難信，且道險不可行。」世衡曰：「吾方以信結諸胡，可失期耶？」遂冒雪而往。既至，奴訛尚寢，世衡蹴起，奴訛大驚曰：「吾世居此山，漢官無敢至者。公子不疑我耶？」率部落羅拜，皆感激心服。世衡佯醉臥其帳中，奴訛與其妻環衛不敢離左右。既醒，謂之曰：「我醉臥此，爾何不殺我？」奴訛泣曰：「是何言邪？惟有一死可報吾父爾。」由是，屬羌無不悅服。

婦德類

嘉言：

《傳》曰：「婦人貞吉，從一而終也。」

孔子曰：「婦人，伏於人也。是故無專制之義，有三從之道。在家從父，適人從夫，夫死從子，無所敢自遂也。教令不出閨門，事在饋食之間而已矣。是故，女及笄乎閨門之內，不百里而犇喪，事無擅為，行無獨成，參知而後動，可驗而後言。晝不遊庭，夜行以火，無火則止。所以正婦德也。」

《內則》曰：「婦事舅姑，如事父母。雞初鳴，咸盥漱，櫛縱，笄總，衣紳，左右佩用，衿纓綦履，以適父母舅姑之所。及所，下氣怡聲，問衣燠寒。疾痛苛癢，而敬仰搔之。出入，則或先或後，而敬扶持之。」

或問：「婦人孤孀，貧窮無託者，可再嫁否？」伊川先生曰：「只是後世怕寒餓死，故有是說。然餓死事極小，失節事極大。」

善行：

陳孝婦年十六而嫁，未有子。其夫當行戍，且行時，屬孝婦曰：「我生死未可知，幸有老母，無他兄弟備養，吾不還，汝肯養吾母乎？」孝婦應曰：「諾。」夫果死不還，婦養不衰，慈愛愈固，紡績織紝以為家業，終無嫁意。居喪三年，其父母哀其少無子而早寡也，將取嫁之。孝婦曰：「夫去時屬妾以養老母，妾

既諾之夫，養人老母而不能卒，許人以諾而不能信，將何以立於世？」欲自殺，其父母懼而不敢嫁也。遂使養其姑。姑八十以天年終，盡賣其田宅財物以葬之，終奉祭祀。淮陽太守以聞，文帝使使者賜黃金四十斤，復之。終身無所與，號曰孝婦。

鄭義宗妻盧氏，略涉書史，事舅姑甚得婦道。嘗夜有強盜數十人持杖鼓譟，踰垣而入，家人悉奔竄，惟有姑獨在堂。盧冒白刃往立姑側，為賊捶擊幾死。賊去後，家人問曰：「群賊凶橫，何獨不懼？」答曰：「人所以異於鳥獸者，以其有仁義也。吾雖不敏，安敢忘義？且比鄰有急，尚相赴救，況在姑而可委棄？若萬一危禍，豈宜獨生？」其姑每云：「古人稱歲寒然後知松柏之後凋，吾今見盧新婦之心矣。」

王凝妻李氏。凝家青齊間，為虢州司戶參軍，以疾卒於官。家素貧，一子尚幼，李氏攜其子負凝遺骸以歸。東過開封，止於旅舍，主人不納。李氏顧天色已暮，不肯去。主人牽其臂而出之，李氏仰天慟曰：「我為婦人，不能守節，而此手為人所執耶？」即引斧自斷其臂，見者為之嘆泣。開封尹聞之，白其事於朝，厚恤李氏，而笞其主人。

霍氏二婦尹氏、楊氏。至元間，尹氏夫耀卿歿，姑命其更嫁，尹氏曰：「婦之行，一節而已。再嫁失節，妾不忍為也。」姑曰：「世之婦皆然，人未嘗以為非，汝獨何恥之有？」尹氏曰：「人之志不同，妾知守妾志爾。」姑不能強。楊氏夫顯卿繼歿，慮姑欲其嫁，即先白姑曰：「妾聞娣姒猶兄弟也，宜相好

焉。令姒既留，妾可獨去乎？願與共修婦道，以終事吾姑。」姑曰：「汝果能若是，吾何言哉？」於是，同處二十餘年，以節孝聞。

聞氏，紹興俞新妻也。大德四年，新歿，聞氏年尚少，父母慮其不能守，欲更嫁之。聞氏曰：「姑老子幼，妾去，當令誰視也？」即斷髮自誓，父母知其志篤，乃不忍強。姑久病風且失明，聞氏滌溷穢不怠；時漱口上堂，舐其目，復明。及姑卒，家貧，無資傭工，與子親負土葬之，朝夕悲號，聞者慘惻。鄉里嘉其孝，為之語曰：「欲學孝婦，當問俞母。」

李仲義妻劉氏，名翠哥。至正二十年，房山縣大饑，平章劉哈剌不花兵乏食，執仲義，欲烹之。劉氏聞之，遽往，涕泣伏地，告曰：「所執者，吾夫也，乞矜憐之，貸其生。吾夫家有醬一甕、米一斗五升，窖于地中，可掘取以代吾夫。」兵不從。劉氏曰：「吾夫瘦小不可食。吾聞婦人肥黑者味美，吾肥且黑，願就烹以代夫死。」兵遂釋其夫，而烹劉氏。聞者莫不哀之。

傅驢兒妻岳氏，年十八，未有子。驢兒病且死，囑之曰：「我死，汝善事後人。」岳氏泣曰：「妾終不令君獨死，而妾獨生，含耻以事他人，妾不為也。」驢兒卒，憑屍號慟。明旦，自經死。

〈聖訓演〉卷中

「察院公移」

巡按陝西監察御史　唐（錡）　案驗貳件。

一出巡事。內一款：

御製訓詞及三原王尚書註解，深切著明，人所易知易行，但日久教弛，有司者視為末務。木鐸者，苟具虛名，民不知教，獄訟繁興，無怪其然也。先王之治，先養而後教，出禮斯入刑，故民有恒心而重犯法。今之罹於法者，果皆教之而弗改者乎？聽斷者方且以得情為喜，以察隱為明，而其所以陷於法，則弗之憫也。夫使民無訟，刑期無刑，古人固未嘗以刑先教也。今之所教者，學校，而學校之教，則又止於作文章、取科第而已。學校之外，百姓無聞焉。中間雖有天資謹厚、稟賦篤實者，僅能不犯于法。至于氣質少偏，未保其弗納于邪，不罹於法也。夫未嘗教之，何忍遽刑之也？且訟者之詞，其間不孝不友，爭產爭忿，或行兇放黨，或教唆扛幫，或強盜人命，或積年捏寫，紛紛無情，甚為可憂。木鐸之教，所不可後也。但有司不以為急，木鐸雖設而皆闒茸之人，訓詞雖宣而皆事故之應，且被役者以為賤役而羞為之，觀聽者以為賤役而非笑之，何望其能化人也？

仰各揀選鄉中抵業篤實者，充為木鐸老人，使各整衣振冠。仍將御製訓詞硃碑金書，上刻聖諭，分刻王尚書註解於下，沿鄉

勸諭。望日則集里中老稚於各社廟，逐一訓諭。朔日則負牌搖鐸，由甬道直入公堂，以示優禮。然木鐸但可訓諭，而蒙養則係於社學，二者固相表裏也，仍選教讀，分投各鄉訓誨。各選蒙童聲音洪亮者六名，將訓諭註解熟讀朗誦。望日，各同木鐸在鄉。朔日，同城中童生赴有司，訓諭註解逐款高聲誦說。在官一應點卯人役及坊廂老稚，分立月臺之下，左右靜聽，仍將《日記故事》、《為善陰騭》、《孝經》、《小學》各摘數條有關倫理者，以類相附講論。各鄉俱照舉行，又各置空白文簿一扇，付木鐸老人收執，每遇鄉中有惡善，明白戒勸，仍將戒勸過姓名、實跡隨即登簿。如有爭訟，亦聽勸化，季終赴各有司查比申明戒勸，年終通行賞罰。行之既久，人心知勸。則又選舉一二人大家，照鄉約舉行，以厚風俗。

夫木鐸之訓諭，無間賢愚；教讀之訓誨，當其童稚，故相觀之化易入，而風俗之淳可還。此蓋我聖祖皇極敷言之教，而社學又為蒙養之端，皆今日急務所當先者也。

蒲城縣儒學教諭徐效賢曰：「教民榜文訓詞所以誘善而禁非者，皆因其良心而謹其庸行，非有高遠之事、隱奧之詞也。近世名卿為註為贊，因略致詳，誠可謂深切著明矣。然因循玩愒，教弛民散，往往自喪其良，犯于有司，此巡按察院所以祗承申飭，期于親見其化之成也。嘉靖丙申十月，憲節次于蒲城大昕視學，乃召師生指授顛末，效賢與有聞焉，肆得以敬演之。」

〇夫所謂民不知教，獄訟繁興者，何也？蓋教民者，放心

之閑惟艱，而振德之教為急，是以《周禮》正月則懸法象魏而聳民之觀，正歲則徇以木鐸而警民聽之，乃知木鐸之教，欲其入乎耳，存乎心。雖婦孺矇瞍不識一丁者，皆知其義也。國初，制為訓詞，常於昧爽之前，沿門遶市，提撕傳誦。其時，群動猶寂，夜氣猶存，天理民彝，自當感發，夕而習復，夜而計過，相觀而善，相悅以解。

　　聖祖開天淑世之功大矣，且今稗官野史之記，傳說古昔，事關風化，猶能使人感動，至於掩泣。況木鐸者，聖祖所以移風易俗之要道，豈可謂為末務哉？謂為末務，無人心者也。知教之所由廢，則知獄訟之所由興矣。

　　○夫所謂出禮入刑，聽獄者弗之憫，何也？按《周禮》，每歲屬民讀法，在州長者凡四，在黨正者凡七，在族師者凡十四，在閭師者無算。視民彌親，教亦彌數，丁寧告戒，惟恐不至。所謂教思無窮，容保民無疆者是也。及其陷于刑也，必原父子之親，立君臣之義，以權之；意論輕重之序，慎測淺深之量，以別之；悉其聰明，致其忠愛，以盡之。故漢世良吏，或閉閤思過，訟者不爭；或親到其家，為陳人倫，所謂如得其情，哀矜勿喜者是也。今之為有司者，平居無事，能勿擾之，斯足矣。況望其養且教乎？兩造具備，能勿枉之，斯足矣。況望其開諭且惻隱乎？甚者招引告訐，以訟牒為興利之源；淹延囚繫，以桎梏為飾怒之具，尚忍言哉？此察院所以不咎民而咎官，不先刑而先教也。

　　○夫所謂學校之教，止於作文章、取科第者，何也？蓋學

校者，教之所由立也。自夫末學空疏，古道寥落，有文詞以炫惑於前，有科第以誘引於後。故弟子之職未有餘力而學文矣。禮樂射御書數，人生八歲所習者，今白首而無聞矣。至於朱子《小學》、《家禮》二書，茫然不知為何物。欲望其處為良士而感化鄉閭，出為名臣而綱維世道，胡可得？然此皆俗學之敝，非文章、科第之罪也。是以察院憂道憂民之切，欲使學者敦厚於綱常倫理之間，致謹於義利公私之辨，務本務實，篤近舉遠，而還俗學於古也。

○夫所謂氣質少偏，未保其弗納于邪者，何也？蓋氣稟之偏，古以為疾，而導民之路當審所之，是以廣川大谷異制，生其間者異俗。《禮》曰：「擾兆民。」《書》曰：「和民」，則正以此也。雍州土厚水深，文王用之以興，二南之化如彼，其忠且厚也。一變于秦，則厚重質直之習，化為強毅果敢之資。賈生謂侈靡相競，為遺風餘烈之未改。董子謂抵冒殊扞，為遺毒餘烈之未滅。然則今之治關陝者，固當以善導之，而不可以猛驅之也。若未嘗教之，而遽刑之，可乎？乃今察院之盛心，亦猶賈生之定經制，董子之更化也。牧民者可不念哉。

○又切原俗學之弊由失養于小學也，於是謹社學之教，詳童蒙之訓焉。而稽考善惡壹簿，則又以治人舉治法之實蹟，無亦立監佐史之遺意乎。夫訓諭專于木鐸，教可行矣，而兼重教讀之選者，何也？以木鐸之振，足以警眾，而或艱於辭說，教讀之立，頗通文意而可責其講明。蒙童又良心未喪，易于保養。木鐸、教

讀，誠相為表裏也。

〇仰以閨門之教不及，鮮有廉恥，與夫民之蠢愚冥頑者，非漸漬誘掖，難于驟入也。故又欲旁取養蒙內訓、序略等書，并使蒙童朝夕諦誦于家庭，積以歲月，則雖迷惑難寤者，亦薰炙興起，而廉恥日長，邪僻日消矣，民俗焉有不成哉。

〇其集老幼必於各社廟者，以社廟素為鄉邑敬信歸向之地，因其所明以導其良心，且可以免有司經營創造之費。行之既久，不待督責而自相樂相勉，以衍社學之教於無窮也。

〇其嚴衣冠以示優禮者，則重我聖祖不刊之典。使居是役者樂於從事，又使人知是役非曩昔之比，不惟不敢非笑而且與有所榮矣。況以一鄉善惡付之評品，苟非其人，可輕授乎。故必素行篤實，愜于眾心者，而後舉之。夫既特蒙優禮于上，又日見推重于下，彼有志化民成俗者，孰不盡心于是乎。

〇其在鄉之蒙童及木鐸以望日集于社廟講說者，以窮鄉僻地，文教難于周洽，故特使是日聚于社所，庶一社之長幼卑尊皆惕然以省，翕然以悟，而無悖德悖禮者也。

〇其城中童生以朔望日赴有司誦說，一應人役得左右靜聽者，蓋郡邑，鄉村之根本，不惟官司得有所考，以驗其勤惰，且使鄉社有所取正，而不至於舛訛。使夫為善而蒙衣冠、享尊榮者益以加勉，不善而罹刑罰、受奴辱者知所懲戒，是有教無類而風俗可同矣。

〇至於欲將《日記故事》、《為善陰騭》、《孝經》、《小

學》各摘數條以類相附講論者，以六訓備示為人之理，昭哉明矣，然民性之蔽，或未易開，非古人已試之成效，無以歆動其心也。故必取證于此，欲其知某也以孝親弟長，立身鳴世；某也以和睦教訓，康身裕後；某也以勤生業而成功名、享富貴；某也以不作非為而受安逸、獲壽考，則前人之陳迹，後人之明鑑，孰不篤信而力行乎。

○夫既分設訓論而又詳切講論，如此，所以右行聖諭、開導愚民者至矣盡矣。非稽其實，則所勸懲者無徵而易泯也，故又有稽考善惡簿之設，而嚴夫查比賞罰之規焉。苟所選木鐸，誠得所謂抵業篤實之人，付以是簿，簿內所書，不出六訓。如某人孝順父母，則書某年月日為父某母某何如竭力盡孝，與平昔孝行如何，必卓有實迹，為通社人所共知，不徒以孝順字樣塞責；苟有不孝者，亦據事實書。其「尊敬長上」以下五訓皆然。提調衙門亦將逐鄉各里，立過社會，備置總簿，使每月朔日，木鐸集聚之時，各令即將所記過善惡實跡，類書于上，及該鄉村社人等有事至庭間，舉一二驗其信否，公私以考木鐸之賢否。苟允符所書，則先表其尤者，仍稍厚其木鐸，以特示勸。中間雖無異行，但于六訓不背者，偶有小過，量與末減，以示優厚善人之意，則善者益勉而惡者自戢斂矣。但恐法久弊生，尤宜時加防檢，無使假公濟私，沮壞良法，斯善矣。

○然情義或不相維，禮讓或有未洽，所入猶淺也。則又另置一簿，立為興仁集義等樣名目，凡遇朔望社會之時，每約出銀

一二分，或米穀二三升，隨其人之多寡，平其劑量，公記于簿，併議本社中家給重義者掌之，以候每年正月十五、十月初一日，舉行鄉社厲祭。祭時須集通社老幼，竭誠盡禮，敬聽「御製厲文」，以嚴示提撕警覺之意。祭畢，即以牲酒敬舉鄉飲酒禮，就於社中推舉年高有德及純篤者，以次為主、賓、僎、介，教讀即為司正，木鐸則仍督蒙童聲音洪亮者，歌《鹿鳴》諸詩。其迎送坐次，獻酬讀法，一如公府之儀。祭外，儻有贏餘，即以為本社中疾病患難水火婚喪之助，則始之所出者雖微，而終之所積者頗多，不覺財用之費，只見美俗之興。故社會一舉，而神享人和，利滋大矣。今之病難行者，誠患無良有司以慎選木鐸、教讀，及加意查比賞罰耳。

〇至於欲選舉一二大家照鄉約舉行，以厚風俗，則又今日察院灼知天下無不可化之人，古俗無不可返之理，直欲親見其成功，以佐我聖祖皇極之化于無疆也。

〇於乎今之學校之弊，正坐小學之不講，蒙養之不端耳。蒙童之預訓于社學也，如此，由是積習而充之，則所以為學必先實而後文，所以致用必綱維乎世道者，胥此焉基。是又不徒于閭閻風化深有所助，而朝廷將來利獲真材之用端，必由于此矣。然則聖訓之宣，其真不可緩也哉！

憲條秩如鄂如。凡有民社者，誠當嚴翼體行，而不可苟且塞責，以自貽怠若事之羞也。

一為正婚喪以敦風化事：

切惟夫婦，人倫之始，喪葬，人道之終。風俗之厚薄，教化之隆污係之，所不可忽者。古有婉娩之教，故閨門之淑行端；有誠信之心，故衰麻之憂情切。今之婚喪，甚非古矣。但是二者教條不及，律例頗輕。夫其教條之不及也，故婚知其有情欲而不知其有禮義，喪知其有衰麻而不知其有哀戚。夫其律例之輕也，則廉恥之行，先敗於瓦裂；決杖之刑，無恥於頑鈍。除將《家禮》、《女誡》另行刊示外，合行嚴禁為此，仰軍民人等知悉。今後婚姻止照婚禮以類匹配，果酒布絹之外，不許女家多索措勒。死葬亦照《家禮》，稱家有無，踰月埋葬。其有女年二十，男年三十及停柩在家年久者，俱限一月以裏，各要依期嫁娶、安葬。敢有故違，許地方隣佑人等赴所在官司首告，及鎮撫巡捕官查舉，以憑問罪。仍將婚姻財禮、喪家費用財物追奪入官，及將三分之一充賞告人；如各通同隱瞞，彼此均罪。禁諭之後，不許仍蹈前弊，然必斯文君子士大夫之家，首先倡率，庶陷溺之民知所觀感，而禮義成俗矣。所有條件開具于後：

（一）訪得民間婚姻只論貧富，不擇賢愚，聘定之初，輒先講論禮物，然後許婚。苟無財禮，終不得娶。殊不知男家有金帛之費，女家亦有粧奩之費。卒使內外怨曠，以生嫌疑，甚非二姓合好之意。古人謂婚姻論財，夷狄之道，君子不入其鄉，可不戒哉！

西安府儒學教授張玠曰：「理之在人心，猶元氣之在人身，無智愚賢不肖之異，特氣稟不同，故性

鑒于情，理封于欲。治斯病矣，維時巡按察院以厥賦惟均，感無不善，乃只承聖祖御製訓辭與名卿註贊，昭示秦邦，廣教思也。然猶以婚喪二條，痛革浮靡，以附其後，豈無謂歟？蓋婚喪，人道之始終，誠不可忽，是故節之以禮，動之以機，證之以事，勸懲之以賞罰，慎所趨也。玠承乏郡庠，仰見其鼓舞作興之盛，大有補于天下國家矣。輒不自揆，乃萃所聞以演之，曰：『夫婚姻之不可論貧富者，何也？』《易》曰：『取女，吉以見取，不及財，惟其賢。』又曰：『女歸，吉以見歸，不及財，惟其正。』是故妻長妻容，聖人量才而擇配；取盲取醜，君子寡慾以養心。若論貧富焉，則取未必女之良，嫁未必男之賢。夫劣婦惰，惟家之索。殞問頹業，職此之由，有如察院之所以申諭者。然則世之為婚姻者，當勉之戒之，毋蹈世俗之弊，斯可矣。」

（二）女既聘，無再字之理。訪得民間有因夫家先富後貧，遂相背約；或才貌不揚，或疾病不幸，亦有因忿搆怨，遂至仇隙。此蓋幼時輕于許諾之故，甚非信義相與之意。昔人夫有惡疾，父母欲改之，乃曰：「夫之不幸，妾之不幸也。奈何去之？」然則為財悔婚者，可不媿哉！

　　張玠曰：「夫女子既聘，無再字之禮，何也？

《易》曰：『從一而終。』《禮》曰：『一與之醮，終身不改。』考之共姜，作《栢舟》以自誓；令女截其耳以自殘，尚行也。況貧富改更，疾病忽至。適然之數也，顧可以悖約哉？如始也約為秦晉，而終也仇為吳越，是信義俱泯，將淪于禽犢不遠矣。且仁者不以盛衰改節，義者不以存亡易心，古人之格言也。胡因其變故，以二三其德耶？此所以重察院之垂戒，蓋有感於斯也。而約為婚姻者，試思圖之。」

（三）婦人再醮已為失節，中間又有服制未滿，違例改嫁者；有夫亡甫月，任意招贅者；有欲行守節，而被舅姑及豪強奪志者；有淫奔，私相苟合者。此等之俗，尤為敗禮。古人謂餓死事極小，失節事極大。況娶失節婦，已亦失節，可不謹哉！

張玠曰：「夫婦人失節為敗禮者，何也？蓋婦人之善，節而已矣。此節一失，雖有他美，不足觀也。《易》曰：『恒其德，貞，婦人吉。』《詩》曰：『雖速我獄，亦不汝從。』《禮》曰：『既嫁從夫，夫死從子。』言乎節也。況服制未逾，淫奔苟合者乎！原其故，毋乃毋訓。既失大節弗明，一值其變，則中無所主而自敗乎禮矣。是故文姜入齊，《春秋》醜之；宣姜不淑，詩人刺焉。禮之不可已也如此。夫禮者，輿也。輿之弗正，則輪傾輻壞，遠不可致。禮

焉一敗，則上辱宗親，中辱夫子，下愧若子孫也。嗚
呼！人而無儀，不死何為？為婦人者，其節豈容少
哉？其禮豈容敗哉？

（四）訪得民間游商在外，有至十餘年不返，其婦即欲給帖
改嫁，亦有徑自適人者。其夫之薄幸，固不足言；而
其婦至此，亦無恥之甚矣。

　　張玠曰：「夫游商在外，其婦改嫁適人者，蓋夫
婦天合，其義不可乖也，乖則不祥莫大焉。是故，宋
之伯姬不以火災之故而下堂偷生；陳孝婦因夫不還，
終身奉姑，了無嫁意。允若茲，夫豈至愚而不恤其他
耶。蓋婦以夫為天，雖顛沛危疑，不敢違也。若夫夫
游商外，而婦給帖改嫁，亦有徑自適人者，無異桑間
濮上之約，誠所謂『見金夫，不有躬』矣。其如禮義
何哉？況忠臣不事二君，貞女不更二夫。有良心者當
體察院戒諭之心，斯可矣。」

（五）男女婚配，貴乎適時。今民間嫁女娶婦，多惑於陰陽
年月之利，此雖信向之偏，亦術者左道之誤也，仰即
改悟。

　　張玠曰：「嫁娶惑于陰陽之利者，自以為從俗
也。按，古者男子三十而娶，女子二十而嫁。中世以
後，男子二十而娶，女子十六而嫁，故周公繫易爻
曰：『歸妹愆期，遲歸有時。』《禮》曰：『女子許

嫁，筓而字。」《詩》詠桃夭，《禮》謹大婚，重其事也。堯之釐、降于虞，莘之嬪女、維行，亦未聞有陰陽之說也。而重華協帝，丕顯丕承，厥福何其昭哉。至有唐氏倡為陰陽之說以愚天下，于是始有所謂年月之利，而人之尊信之者，迄今益盛。吁！亦惑矣。使陰陽果利，宜乎專于門者如郭璞輩之子孫，享無窮之利可矣。何成敗利鈍由夫人耶？此則不可信之明效大驗也。吾人其猛省之。」

「喪約五條」

（一）親喪，無飲酒食肉之禮。訪得民間有哭飯之送，有牲醴之奠，是亦無害。但其杯盤盒酒，彼此相酬；暖夜伴喪，通宵徹飲；有踏柒鞋，有收頭禮。至於優人戲劇，瀆禮尤甚。夫朝祥暮歌，賢者非之；葬功不廢絲竹，君子以為敗俗。況關中古帝王之都，豈宜有此。告示之後，亟當速改，毋自取罪。

張玠曰：「所謂居喪無飲酒食肉之禮，此不易之定論也。嘗觀《喪禮》云，父母之喪，人子三日既殯，始食粥。既葬，疏食水飲。期而小祥，始食菜果。大祥之後，始飲酒食肉。有疾弗忌，疾止復初焉。此聖人教民，無以死傷生之中制也。晉阮籍居喪無禮，何曾譏以為敗俗。陳壽居喪使婢丸藥，鄉黨以

為貶議。今之為民者，父母方歿，而酒肉如常，又相從宴集，靦然無愧，人亦恬不為怪。禮俗之壞，習以為常，可慨矣。夫此所以動察院之慮，明示其條約以戒之也。嗚呼休哉！」

（二）訪得民間於親死，每遇七日、百日、周年、二年、三年，輒飯僧修醮，供設道場，豈惟無益，亦非節財之道。況邪說誣民，不過為天堂地獄之說，以愚黔首耳。古人謂天堂無則已矣，有則君子必登；地獄無則已矣，有則小人必入。為人子者何忍以小人待親。且死者體魄無知，雖有剉燒舂磨，何所施乎？各宜自悟，毋得執迷。若僧道仍前故違，先行拏問。

　　張玠曰：「所謂親喪崇佛道之非者，正大本也。《易》曰：『原始反終，故知死生之說。精氣為物，游魂為變，故知鬼神之情狀。』信乎死生有命，非今所能移，非佛老之幻妄能轉禍為福也。故梁武事佛之謹，終餓死于臺城；徽宗奉道之勤，竟青衣而受辱。今世俗篤信佛老誑誘，凡有喪事，無不供飯僧道，云為死者有天堂、地獄之說，迷而不悟，亦獨何哉？設果有此，誠如察院所謂以小人待親返薄親矣。況禍福無門，惟人自招，使齋醮可以致福，則凡富貴利達者皆可以成佛作祖，凡貧窮下賤無不永墮于塵輪矣。天下有是理哉！且死生晝夜，人之常理，何獨致疑於

此。亟宜改諸，毋為異端所誑，而財亦可省矣。」

（三）喪具稱家有無。今民間不即葬者，多為棺椁，極美以
　　侈耳目，遂至十數年而不能舉葬，其暴露褻天甚矣。
　　孔子葬鯉，有棺無椁；恒魋石椁，當時非之。必不可
　　已，如《家禮》灰隔治壙之儀可也。

　　　　張玠曰：「喪具稱家有無，不可停喪年久者。按
　　古禮，天子七月而葬，諸侯五月而葬，大夫三月而
　　葬，士、庶人逾月而葬，制也。今世多以貧弗克葬，
　　或兄弟眾多，彼此相推，日積月累，誠有如察院所謂
　　十數年而不葬者矣。夫葬者，藏也。人之有生有死，
　　故當歸諸窀穸，以妥親之靈也。況死宜速朽，夫子之
　　言也。豈可因其末節而忍暴露吾親之形體哉。其為不
　　孝甚矣。父母之所以生我育我，而我固如是乎，有三
　　年之愛於父母者必不忍為也。尚其勉諸。」

（四）送死固為大事，但有力之家亦有節制。今民間不問貧
　　富，一概侈於祭奠紙帛、旛花、芻靈、簫鈸、鐃鉢之
　　用，列於道前，奢靡不情，越禮犯分，果何益哉。必
　　不可已，如大轝、香亭、明器、翣杖之類，皆如《家
　　禮》可也。

　　　　張玠曰：「送死禮文奢侈者。按禮，人子之喪
　　親，三日而殯，凡附於身者，必誠必信。三月而葬，
　　凡附於棺者，必誠必信。自棺椁衣衾之外，無致餘

焉。孔子答林放曰：『喪，與其易也，寧戚。』孟子答充虞曰：『不得，不可以為悅。』皆格言也。世之喪親者借口於送死大事之說，專事繁文末節，以為美觀，越禮敗度弗顧也，何益哉。此察院所以嚴示條教，亦孔孟救時深意，敦本尚實，冀回淳古之風矣。凡我同類，尚其念諸。」

（五）卜兆擇期，大統有曆。今民惑於陰陽風水之說，為子孫求福之故，尋龍撥沙，未有定處；揀年擇月，初無定期。遂使停柩待時，喪服過制，惑矣。必不可已，如擇土厚水深、五患所不及之地，求安其親可也。

張玠曰：「卜兆擇期，不可惑於陰陽風水者。按禮，天子、諸侯、士、庶人葬，皆有月數，是古人不擇年月也。《春秋》：『九月丁巳，葬定公，雨，不克葬。戊午，日下昃，乃克葬。』是不擇日也。鄭葬簡公，司墓之室當路，毀之，則朝而窆；不毀，則日中而窆。子產不毀，是不擇時也。古之葬者，皆於國都之北，兆域有常處，是不擇地也。自陰陽風水之說行，世之人徒信其言，擇地選時，以希富貴，雖明哲之士，膠於見聞，而不自覺，亦惑矣。此察院嚴示條教，欲人之不溺於此也。

夫婚喪者，禮儀之原，財節之要，民俗之淳漓，治道之隆替，實基於此。是故，德禮之教，孔子先

之；泰侈之風，子產黜之，重其本也。世降風移，民俗愈下，有如陝之婚喪，所費不貲，甚有甘於破產以求絢耀人耳目者。噫嘻！悲哉！此察院深知其弊，布為憲條，申飭聖祖訓辭，名賢註贊，旁採古人嘉言善行，集諸簡端，復以婚喪之禮斟酌垂戒於後，蓋深有意於斯民，不忍其陷溺之久也。夫先示以六訓之類，使之躬行其善，次昭以婚喪之制，使之節省其財。夫善行修則禮讓興，財貨省則民用足。仁厚之俗，太平之業，可永於無疆。不但若伊川之化洛人，晦庵之易漳俗矣。若夫推而行之以左右斯民，則存乎賢有司焉。」

○鄉飲圖

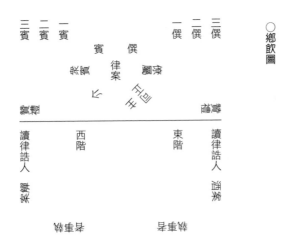

司正揚觶詞語：

恭惟朝廷，率由舊章。敷崇禮教，舉行鄉飲，非為飲食。
凡我長幼，各相勸勉。為臣盡忠，為子盡孝，長幼有序，
兄友弟恭，內睦宗族，外和鄉里。毋或廢墜，以忝所生。

○歌《鹿鳴》詩三章

呦呦鹿鳴，食野之苹。我有嘉賓，鼓瑟吹笙。
吹笙鼓簧，承筐是將。人之好我，示我周行。
呦呦鹿鳴，食野之蒿。我有嘉賓，德音孔昭。
視民不恌，君子是則是傚。我有旨酒，嘉賓式燕以敖。
呦呦鹿鳴，食野之芩。我有嘉賓，鼓瑟鼓琴。
鼓瑟鼓琴，和樂且湛。我有旨酒，以燕樂嘉賓之心。

○厲祭圖

祭文（府州縣同）

維　年　月　日，某府州縣，某官某等遵承禮部箚付，為祭祀本（府州縣）闔境無祀鬼神等眾事。該欽奉皇帝聖旨：普天之下，后土之上，無不有人，無不有鬼神。人鬼之道，幽明雖殊，其理則一。故天下之廣，兆民之眾，必立君以主之。君總其大，又設官分職於府州縣，以各長之。各府州縣又於每一百戶內，設一里長，以細領之。上下之職，紀綱不紊，此治人之法如此。天子祭天地神祇及天下山川，王國、各府州縣祭境內山川及祭典神祇，庶民祭其祖先及里社土穀之神，上下之禮，各有等第。此事神之道如此。尚念冥冥之中無祀鬼神，昔為生民，未如何故而歿，其間有遭兵刃而橫傷者，有死於水火盜賊者，有被人取財而逼死者，有被人強奪妻妾而死者，有遭刑禍而負屈死者，有天災流行而疫死者，有為猛獸毒蟲所害者，有為饑餓凍死者，有因戰鬥而殞身者，有因危急而自縊者，有因墻屋傾頹而壓死者，有死後無子孫者。此等鬼魂，或終於前代，或歿於近世，或兵戈擾攘，流移於他鄉，或人煙斷絕，久缺其祭祀，姓名泯沒於一時，祀典無聞而不載。此等孤魂，死無所依，精魄未散，結為陰靈。或倚草附木，或作為妖怪。悲號於星月之下，呻吟於風雨之時。凡遇人間節令，心思陽世，魂杳杳以無歸；身墮沉淪，意懸懸而望祭，興言及此，憐其慘悽，故勅天下有司依時享祭。在京都有泰厲之祭，在王國有國厲之祭，在各府州有郡厲於祭，在各縣有邑厲之祭，在一里又各有鄉厲之祭。期於神依人而血食，人敬神

而知禮。仍命本處城隍以主此祭，欽奉如此。今某等不敢有違，謹設壇於城北以（三月清明、七月十五日、十月一日）置備牲醴羹飯，專祭本（府州縣）闔境無祀鬼神等眾，靈其不昧，來饗此祭。凡我一（府州縣）境內人民，倘有忤逆不孝、不敬六親者，有奸盜詐偽、不畏公法者，有拗曲作直、欺壓良善者，有躲避差徭、靠損貧戶者，似此頑惡奸邪不良之徒，神必報於城隍，發露其事，使遭官府，輕則笞決杖斷，不得號為良民；重則徒流絞斬，不得生還鄉里。若事未發露，必遭陰譴，使舉家並染瘟疫，六畜田蠶不利。如有孝順父母，和睦親族，畏懼官府，遵守禮法，不作非為，良善正直之人，神必達之。城隍陰加護祐，使其家道安和，農事順序，父母妻子保守鄉里。我等闔（府州縣）官吏人等如有上欺朝廷，下枉良善，貪財作弊，蠹政害民者，靈必無私，一體昭報。如此，則鬼神有鑒察之明，官府非諂諛之祭。尚饗。

〈聖訓演〉卷下

西安府學教授張玠曰：「此卷取諸《養蒙內訓》而更定之者也。初，《內訓》以四言、五言、七言散語為序，而蠶桑者，婦功之一，亦皆互置其間。今編既主於演《聖訓》，則不能盡，仍其舊矣。故取其統論婦德者為一類，專論婦功者為一類，惟以時代為序，蓋欲便於覽觀，非有所去取也。」

「統論婦德」

○漢曹大家《女誡》七章（有序）

鄙人愚暗，受性不敏。蒙先君之餘寵，賴姆師之典訓。年十有四，執箕箒於曹氏，于今四十餘載矣。戰戰兢兢，常懼黜辱，以增父母之羞，以益中外之累。夙夜劬心，勤不告勞，而今而後，乃知免耳。吾性疏頑，教道無素，恒恐不穀負辱清朝。聖恩橫加，猥賜金紫，實非鄙人庶幾所望也。男能自謀矣，吾不復以為憂也。但傷諸女方當適人，而不漸訓誨，不聞婦禮，懼失容他門，取恥宗族。吾今疾在沉滯，性命無常，念汝曹如此，每用惆悵。間作《女誡》七章，願諸女各寫一通，庶有補益，裨助汝身。去矣，其勖之。

卑弱第一

古者生女，三日臥之床下，弄之瓦磚，而齋告焉。臥之床下，明其卑弱，主下人也。弄之瓦磚，明其習勞，主執勤也。齋

告先君，明當主繼祭祀也。三者蓋女人之常道，禮法之典教矣。謙讓恭敬，先人後己，有善莫名，有惡莫辭，忍辱含垢，常若畏懼，是謂卑弱下人也。晚寢早作，勿憚夙夜，執務私事，不辭劇易，所作必成，手迹整理，是謂執勤也。正色端操，以事夫主，清靜自守，無好戲笑，潔齊酒食，以供祖宗，是謂繼宗祀也。三者苟備，而患名稱之不聞，黜辱之在身，未之見也。三者苟失之，何名稱之可聞，黜辱之可遠哉。

夫婦第二

夫婦之道，參配陰陽，通達神明，信天地之弘義，人倫之大節也。是以《禮》貴男女之際，《詩》著《關雎》之義，由斯言之，不可不重也。夫不賢，則無以御婦；婦不賢，則無以事夫。夫不御婦，則威儀廢缺；婦不事夫，則恩義墮闕。方斯二事，其用一也。察今之君子，徒知婦之不可不御，威儀之不可不整，故訓其男，檢以書傳，殊不知夫主之不可不事，義理之不可不存也。但教男而不教女，不亦蔽於彼此之數乎！《禮》，八歲始教之書，十五志於學矣。獨不可依此以為則哉。

敬慎第三

陰陽殊性，男女異行。陽以剛為德，陰以柔為用。男以強為貴，女以弱為美。故鄙諺有云：「生男如狼，猶恐為尪；生女如鼠，猶恐其虎。」然則修身莫若敬，避彊莫若順。故曰敬順之道，婦人之大禮也。夫敬非他，持久之謂也；夫順非他，寬裕之謂也。持久者，知止足也；寬裕者，尚恭下也。夫婦之好，終身

不離。房室周旋，遂生媟黷。媟黷既生，語言過矣。語言既過，縱恣必作。縱恣既作，則侮夫之心生矣。此由於不知足者也。夫事有曲直，言有是非，非者不能不爭，曲者不能不訟。訟爭既施，則有忿怒之事矣。此由於不尚恭下者也。侮夫不節，呵譴從之；忿怒不止，楚撻從之。夫為夫婦者，義以和親，恩以好合，楚撻既行，何義之存？譴呵既宣，何恩之有？恩義俱廢，夫婦離矣。

婦行第四

女有四行，一曰婦德，二曰婦言，三曰婦容，四曰婦功。夫云婦德，不必才明絕異也；婦言，不必辯口利辭也；婦容，不必顏色美麗也；婦功，不必工巧過人也。清閑貞靜，守節整齊，行己有恥，動靜有法，是謂婦德。擇辭而說，不道惡語，時然後言不厭於人，是謂婦言。盥浣塵穢，服飾鮮潔，沐浴以時，身不垢辱，是謂婦容。專心紡績，不好戲笑，潔齊酒食，以奉賓客，是謂婦功。此四者，女人之大德，而不可乏之者也。然為之甚易，唯在存心耳。古人有言：「仁遠乎哉？我欲仁，而仁斯至矣。」此之謂也。

專心第五

《禮》，夫有再娶之義，婦無二適之文。故曰：夫者，天也。天固不可逃，夫固不可離也。行違神祇，天則罰之。禮義有愆，夫則薄之。故《女憲》曰：「得意一人，是謂永畢；失意一人，是謂永訖。」由斯言之，夫不可不求其心。然所求者，亦非

謂佞媚苟親也，固莫若專心正色。禮義居潔，耳無塗聽，目無邪視，出無治容，入無廢節。無聚會群輩，無看視門戶，此則謂專心正色矣。若夫動靜輕脫，視聽陜輸，入則亂髮壞形，出則窈窕作態，說所不當道，觀所不當視，此謂不能專心正色矣。

曲從第六

夫得意一人，是謂永畢；失意一人，是謂永訖。欲人定志，專心之謂也。舅姑之心，豈當有失哉？物有以恩自離者，亦有以義自破者也。夫雖云愛，舅姑云非，此所謂以義自破者也。然則舅姑之心奈何？固莫尚於曲從矣。姑云不爾而是，固宜從令；姑云爾非，猶宜順命。勿得違戾是非，爭分曲直也。此則所謂曲從矣。故《女憲》曰：「婦如影響，焉可不賞。」

和叔妹第七

婦人之得意於夫主，由舅姑之愛己也。舅姑之愛己，由叔妹之譽己也。由此言之，我臧否譽毀，一由叔妹，叔妹之心，復不可失也。人皆和叔妹之不可失，而不能和之以求親，其蔽也哉！自非聖人，鮮能無過。故顏子貴於能改，仲尼嘉其不貳，而況婦人者也。雖以賢女之行、聰哲之性，其能備乎！是故，室人和則謗掩，外內離則惡揚，此必然之勢也。《易》曰：「二人同心之言，其臭如蘭。」此之謂也。夫嫂妹者，體敵而尊，恩疏而義親。若淑媛謙順之人，則能依義以篤好，崇恩以結援，使徽美顯章，而瑕過隱塞。舅姑矜善而夫主嘉美，聲譽耀於邑鄰，休光延於父母。若夫蠢愚之人，於嫂則託名以自高，於妹則因寵以驕

盈。驕盈既施，何和之有。恩義既乖，何譽之臻。是以美隱而過宣，姑忿而舅慍，毀譽布於中外，恥辱集於厥身，進增父母之羞，退益君子之累。斯乃榮辱之本，而顯否之基也。可不慎哉！然求叔妹之心，固莫尚於謙遜矣。謙則德之柄，順則婦之行。凡斯二者，足以和矣。《詩》云：「在彼無惡，在此無射。」其斯之謂也。

按，《養蒙內訓》曰：「大家名昭，字惠姬，班彪之女，曹世叔之妻也。壼內之訓，莫備此書。凡為女婦者，終身從事焉可也。」

○漢司空荀爽《女戒》

《詩》云：「泉源在左，淇水在右。女子有行，遠父母兄弟。」明當許嫁，配適君子。竭節從理，昏定晨省，夜臥早起，和顏悅色，事必依時，正身潔行，稱為順婦。以崇螽斯奕葉之祉。婚姻九族，云胡不喜。聖人制禮，以隔陰陽。七歲之男，三母不抱。七歲之女，王父不持。親非父母，不與同車。親非兄弟，不與同筵。非禮不動，非義不行。是故，宋伯姬遭火不下堂，知必為災。傅姆不來，遂成於灰。《春秋》書之，以為高也。

○魏太守程曉《女典》

丈夫百行，以功補過。婦人四教，以備為成。婦德缺則仁義

廢矣，婦言戲則辭令謾矣，婦功簡則織紝荒矣。是以《禮》有公宮、室家之教，《詩》有牖下、蘋蘩之訓，然後家道諧允，表儀內則。若夫麗色妖容，高才美辭，貌足傾城，言足亂國，此乃蘭形棘心，玉瞻瓦質。在邦必危，在家必亡。

○晉中書監張華《女史箴》

茫茫造化，二儀既分。散氣流行，既陶既甄。在帝庖羲，肇經天人。爰始夫婦，以及君臣。家道以正，王猷有倫。

婦德尚柔，含章貞吉。婉嫟淑慎，正位居室。施衿結褵，虔恭中饋。肅慎爾儀，式瞻清懿。

樊姬感莊，不食鮮禽。衛女矯桓，耳忘和音。志厲義高，而二主易心。玄熊攀檻，馮媛趨進。夫豈無畏，知死不恡。

班妾有辭，割驩同輦。夫豈不懷，防微慮遠。道罔隆而不殺，物無盛而不衰。日中則昃，月滿則微。崇猶塵積。替若駭機。

人咸知飾其容，而莫知飾其性。性之不節，或愆禮正。斧之藻之，克念作聖。出其言善，千里應之。苟違斯義，斯同衾以疑。夫出言如微，而榮辱由茲。

勿謂幽昧，靈監無象。勿謂玄漠，神聽無響。無矜爾榮，天道惡盈。無恃爾貴，隆隆者墜。鑒於小星，戒彼攸遂。比心螽斯，則繁爾類。

驩不可以黷，寵不可以專。專實生慢，愛極則遷。致盈必損，理有固然。美者自美，翩以取尤。冶容求好，君子所讎。結

恩而絕，職此之由。故曰，翼翼矜矜，福所以興。靖恭自思，榮顯所期。女史司箴，敢告庶姬。

按，《養蒙內訓》曰：「張華撰箴，本為宮壼作，然其警刺，有通于上下者，亦女婦所當知也。」

○宋張載《女戒》

婦道之常，順微厥正。婦止柔順。是曰天明，天之顯道。是其帝命。命女使順。嘉爾婉娩，克安爾親。往之爾家，克施克勤。能行孝順，能勤。爾順惟和？無違夫子。夫子，婿也。無然皋皋，皋皋，難與言也。無然訿訿！訿訿，難共事也。彼是而違，爾焉作非？違是則非。彼舊而革，爾焉作儀？因舊乃汝之分，不可妄正制度。惟非惟儀，女生則戒，在《毛詩·斯干》篇。王姬肅雍，酒食是議。周王之女亦然。貽爾五物，以銘爾心。賜爾佩巾，墨子誨言。銅鋻卮匜，謹爾賓薦。賓客、祭祀。玉爾奩具，素爾藻絢。藻絢粧飾不可太華。枕爾文竹，席爾吳莞。念爾書訓，因枕文思訓。思爾退安。安爾退居之席。彼實有室，男當有室。爾勿從室。不得從而有其室也。遜爾提提，遜，謹退也。提提，安也。爾生引逸。引，長也。逸，樂也。

按，《養蒙內訓》曰：「橫渠張先生所以戒女婦者甚詳，真命世之格言也。」

○宋陳淳《小學禮詩》十章

男正位乎外，女正位乎內。男女無相瀆，天地之大義。右一。

女子十年不出，姆教婉娩聽從。執麻枲治絲繭，觀祭祀納酒漿。右二。

女子不出門，出門必擁蔽。夜行必以燭，若無燭則止。右三。

男子不雜坐，嫂叔不通問。內言不出閫，外言不入閫。右四。

男不言內事，女不言外事。非祭不交爵，非喪不授器。右五。

姑姊妹女子，已嫁而返室。弗與同席坐，弗與共器食。右六。

取妻不同姓，寡子弗與友。主人若不在，不入其門戶。右七。

婦人伏於人，無所敢自遂。教令不出門，惟酒食是議。右八。

迎客不出門，送客不下堂。見卑不踰閾，吊人不出疆。右九。

婦人不貳斬，烈女不二夫。一與之齊者，終身可改乎？右十。

按，《養蒙內訓》曰：「北溪陳先生《禮詩》若干篇，以櫽括小學，此則專言內則者。故錄之。

○元楊維楨《女史詠》十八首

伏生女

老子當時無女雛，秦灰安得見全書？

中郎有女能傳業，傳得胡笳業不如。

李夫人

金屋君王獨有情，少翁魂魄夜張燈。

可堪一死禍猶烈，身釁胡塵到李陵。

鉤弋夫人

健儀未換母儀尊，聞道君王已寡恩。

太子宮中無木偶，可無鞠域到堯門。

班婕妤

長門不用買多才，紈扇炎涼善自裁。

五鬼一言能寱主，秋風愁殺望思臺。

趙昭儀

通光門裏春畫長，侍兒新擁試蘭湯。

君王空散黃金餅，不見宮中赤鳳凰。

王元后

沙禁鍾靈六百年，存劉一璽忍輕捐。

老天有意母天下，黃霧如何塞九天？

賈南風

識暗鳴蛙若不夫，簏箱下取洛城奴。

宮中得子非司馬，豈待郎君犢換駒。

綠珠

百斛明珠價莫加，高樓殞墜玉無瑕。

臨春不死胭脂井，又逐降旛上檻車。

馮小憐

前山校獵御同車，一咲平陽辱紙書。

換得后衣纔上馬，琵琶又屬代王瑜。

獨孤后

別宅猶容駕短轅，獨孤苦以妬相干。

他時崔婦生家禍，晉邸安孃寵自安。

武后

忠良斬刈若蕘蕘，乳虎蒼鷹積滿朝。

可是唐臣無杜伯，疑心只自見王蕭。

楊太真

萬花叢裏澤初承，紫磨金搖不自勝。

義髻早知無死所，不如生不負青陵。

盼盼

冢上白楊今十年，樓頭燕子尚留連。

銅臺多少丁寧恨，誰向西陵望墓田。

三凝妻

山店孤兒背面啼，玉腕一解軟如泥。

當時義勇能相敵，木葉山中亦有妻。

韓蘄王夫人

巫家卜偶不徒然，優女占夫事更堅。

看取異時真畏友，九重書上議黃天。

宋度宗女嬪

一曲高歌玉樹秋，小嬪端解替人愁。

葉妃只解傷春泣，之死何知恤緯憂。

青峯廟王氏

介馬馱馱百里程，青峯後夜血書成。

只應劉阮桃源水，不似巴陵漢水清。

女貞木楊氏

守死重關志不睽，九泉不負陸郎妻。

至今墳上女貞木，不受商陵怨鳥栖。

按，《養蒙內訓》曰：「元鐵厓先生楊廉夫詩有諷有頌，得三百篇美刺之旨，凡女婦皆當知所勸懲者。」

○國朝《御製為善陰騭詩》六章

練氏全城

積德由來報在天，子孫榮顯自綿延。

一門福慶皆陰德，千古猶稱練氏賢。

曾婦禦寇

寇發鄉閭勢擾攘，誰能禦寇遏彼猖？

曾家寡婦真男子，挫寇兇威保一方。

陳母祠塚

孤塚多年絕子孫，蕭條誰掃墓前門？

惟看陳母心忠厚，飲茗先祠為保存。

李氏卻金

還卻遺珠更卻金，潸然老媼感恩深。

冥司錄善增高壽，為報還珠一寸心。

文妻固盟

不因有疾即渝盟，為子求婚本至情。

身處閨房能積善，昭昭一念感幽冥。

周婦感悟

益己欺人二十年，一朝感悟即憣然。

要知射利能從善，賴得新來子婦賢。

○《御製孝順事實詩》十七首

叔先沉江

臨流慟哭極傷悲，一死真能出父尸。

千古圖形彰孝德，江頭人看叔先碑。

女勝哀殞

弱歲俄遭母氏喪，哀號連日竟云亡。

千年信與曹娥並，志節昭昭共不忘。

李氏奔喪

自是平時孝事姑，奔喪匍匐向京都。

女宗不獨當時號，百世旌門重李盧。

覃氏貧孝

貧苦無錢舉八喪，十年紡績為人忙。

辛勤葬畢貲財盡，賜米旌門百世彰。

李氏舉喪

諸喪未舉力經營，苦志多年事竟成。

不獨朝廷加恤典，靈芝天產表休徵。

張氏哭父

初聞父疾便悲傷，父卒哀催一夕亡。

烏集墓頭君賜物，留名青史有輝光。

王氏遷葬

獨憐孤女孝心專，營葬三喪廬墓田。

芝產鹿馴由孝感，詔書褒賞重拳拳。

楊香搤虎

幼齡體弱氣軒昂，父命能令虎不傷。

青史尚留名姓在，至今誰不道楊香。

張氏訴天

母氏遭誣意莫陳，寧知禍起盜金人。

若非女死明貞節，應使當時志不伸。

詹氏給賊

奮身直向碧波沉，膽落兇渠歎不禁。

惟有市東橋下水，千年清潔照貞心。

廖氏孝節

干戈滿眼逐風塵，意在全姑敢愛身。

寧死肯將身受辱，黃泉千古骨如銀。

王氏治家

之子于歸甫歲餘，所天無祿遽云殂。

不辭幹蠱成家業，甘旨晨昏奉舅姑。

良子感星

中夜三星似月明，天心因感孝心誠。

遂令父疾隨痊愈，女子能垂百世名。

趙婦鬻子

賣子營棺重可憐，此心端可格蒼天。

一朝隣火無相及，孝感從知不偶然。

聞氏養姑

年少孀居事老姑，豈能忍恥再從夫。

閨中斷髮申明誓，白日青天志不渝。

甄氏心驚

孝事姑嫜出至誠，姑身有疾婦心驚。

沿途拜禱供湯藥，不日能令疾痊平。

劉氏孝姑

朝廷特為返姑喪，始得還鄉葬舅傍。

旌表門閭兼寵賚，古今孝婦實無雙。

　　按，《養蒙內訓》曰：「右二詩皆文廟御製，永樂間頒之臣民。其書備載古今為善行孝之人，且各附以二詩，茲特摘女婦之預選者，詩亦止錄一章，從簡便也。」

「專論婦功」

○楚荀卿蠶箴二賦

蠶賦

有物於此儵儵兮，其狀屢化如神，功被天下，為萬世文。禮樂以成，貴賤以分，養老長幼，待之為而後存，名號不美，與暴為鄰，功立而身廢，事成而家敗。棄其耆老，收其後世，人屬所利，飛鳥所害，臣愚而不識，請占之五泰。五泰占之曰：此夫身女好而頭馬首者與？屢化而不壽者與？善壯而拙老者與？有父母而無牝牡者與？冬伏而夏遊，食桑而吐絲，前亂而後治，夏生而惡暑，喜溫而惡雨，蛹以為母，蛾以為父，三俯三起，事乃大已。夫是之謂蠶理。

箴賦

有物於此，生於山阜，處於室堂，無知無巧，善治衣裳。不盜不竊，穿竇而行，日夜合離，以成文章。以能合從，又善連衡。下覆百姓，上飾帝王。功業甚博，不見賢良。時用則存，不用則亡。臣愚不識，敢請之王。王曰：此夫始生鉅，其成功小者耶？長其尾，而銳其剽者耶？頭銛達，而剽趙繚者耶？一往一來，結尾以為事。無羽無翼，反覆甚極。尾生而事起，尾邅而事已。簪以為父，管以為母，既以縫表，又以連裏。夫是之謂箴理。

按，《養蒙內訓》曰：「楚蘭陵令荀卿撰，蓋婦功不出蠶、箴即「針」字二事，卿以時人不知所初，故託詞以諷，有古風人之

遺意焉。」

○唐禮官《享先蠶樂章》五首

永和

芳春開令序，詔光暢和風，惟靈申廣祐，利物表神功。
綺會周天宇，蕭籥藻寰中。庶幾承慶節，歆奠下帷宮。

肅和

明靈光至德，深功掩百神。祥源應節啟，福緒逐年新。
萬宇承恩覆，七廟佇恭禋。一茲申至懇，方斯遠慶臻。

展敬

霞粧列寶衛，雲集動和聲。金卮薦綺席，玉幣委芳庭。
因心馨丹款，先已勵蒼生。所冀延明福，於茲享至誠。

潔誠

桂筵開玉俎，蘭圃薦瓊芳。八音調鳳律，三獻奉鸞觴。
潔粢申大享，庭宇翼降祥。神其覃有慶，契福永無疆。

昭慶

仙壇禮既畢，神駕儼將昇。佇屬深祥啟，方期庶績凝。
虔誠資宇內，務本最黎蒸。靈心昭備享，率土洽休徵。

按，《養蒙內訓》曰：「《唐書·樂志》皇后親蠶迎神用永和，升壇用肅和，登歌奠幣用展敬，迎俎用潔誠，飲福送神用昭慶。今以冠前，使讀者知蠶事之重如此。」

○宋梅堯臣《蠶具詩》十五章

繭館

漢儀后親蠶，採桑來繭館。雲母飾車上，鉤籠載車畔。

援條露已乾，受業日將晏。為言天下婦，茲事不可慢。

織室

嘗聞漢皇后，織室數來觀。宮女豈不勤，帝衰得已完。

亦將成纁黃，非用競龍鸞。意在奉宗廟，後人豈可安。

桑原

原上種良桑，原下種茂麥。雉雊麥秀時，蠶眠葉休摘。

空條漏日多，餘椹更誰惜。會待黃落來，酒鑪燒斗室。

高几

桑柔不倚梯，摘葉賴高几。每於得葉易，曾靡憂校披。

躋陞類拾級，下上異緣蟻。閑置草屋傍，鳴雞或棲止。

科斧

科桑持野斧，乳濕新磨刃。繁梢一去除，肥條更豐潤。

魯葉大如掌，吳蠶食若振。始時人謂戕，刺倍今乃信。

桑鉤

長鉤扳桑枝，枝間挂桑籠。南陌露氣寒，東方日光動。

少婦首且笄，幼女角已總。競以採桑歸，曾非事梳攏。

桑筥

采采向桑郊，盈盈自持筥。掛鉤帶月往，稚葉和烟貯。

一心恐蠶饑，搔首捉儔侶。到家傾嫩綠，刀几為咬咀。

蠶女

自從蠶蟻生，日日憂蠶冷。草室常自溫，雲髻未暇整。
但採原上桑，不顧門前杏。辛苦得絲多，輸官官莫省。

蠶簇

水蠶三眠休，作繭當具簇。漢北取蓬蒿，江南藉茅竹。
蒿疎無雨浥，竹淨亦森束。惟畏風雨寒，露置木如屋。

蠶槌

三月將掃蠶，蠶妾具其器。立植先得括，辟室亦塗墍。
眾材疎以成，多薄得所寄。終老歸簇時，無愬得棄置。

蠶薄

河上緯蕭人，女歸又織葦。相與為蠶曲，還殊作筥篚。
日用此何多？往售獲能幾。願豐天下衣，不歎貧服卉。

繰盆

朝漬一盆繭，繰就幾絇絲。絲成繭已盡，盆亦誰復持？
道上有墮甀，車傍有鴟夷。二物俱莫笑，顧藉各因時。

紡車

蠶月必紡績，絲車方能擲。燈下絡緯鳴，林端河漢白。
織縷自有緒，虛輸連無蹟。腕手以為勞，誰經用刀尺。

拋梭

給給機上梭，往反如度日。一經復一絲，成寸遂成疋。
虛腹蛻兩端，素手投未出。陶家掛壁間，雷雨龍飛出。

織婦

織婦手不停，心與日月速。常憂里胥來，不待雞黍熟。

但言督縣官，立要斷機軸。誰知公侯家，賜帛堆滿屋。

○宋秦觀《蠶書》十篇（有序）

其序曰：「予閑居，婦善蠶，從婦論蠶，作《蚕書》。考之《禹貢》，楊、梁、幽、雍不貢蚕物，兗篚織文，徐篚玄織縞，荊篚玄纁璣組，豫篚織纊，青篚檿絲，皆繭物也。而桑土既蚕，獨言於兗。然則九州蠶事，兗為最乎？予遊濟河之間，見蠶者豫事時作，一婦不蠶，比屋詈之，故知兗人可為蠶師。今予所書，有與吳中蠶家不同者，皆得之兗人也。」

其第十篇曰：唐史載于闐初無蠶，丐鄰國，不肯出，其王即求置婚，許之。將迎，乃告女曰：「國無帛，可持蠶自為衣。」女聞，置蠶帽絮中，關守不敢驗，自是始有蠶。女刻石，約無殺蠶，俟蛾飛盡乃得治繭。按此言，持蠶為衣，又言無殺蠶，則知蛻繭可治絲矣。世傳繭之未蛾而竅者不可為絲。頃見鄰家誤以竅繭，雜全繭治之，皆成絲焉。余於是疑蛾蛻之繭亦可為也。欲以為絲，而其中空不可復治。嗚呼！世有知于闐治絲法者，肯以教人，則貸蠶之死可勝計哉？予作《蠶書》，哀蠶有功而不免，故錄唐史所載，以俟博物者。

張玠曰：「按《養蒙內訓》，載淮海秦少游《蠶書》十篇，一曰種變，二曰時食，三曰制居，四曰化治，五曰錢眼，六曰鏁

星，七曰添梯，八曰車，九曰禱神，十曰戒治。今以其書傳寫訛舛，無善本可參校，且所載皆旡事，恐難通行，故但取其序及《戒治》篇，以見作者之意云爾。」

○宋妻璟《織圖詩》二十四章

浴蠶
農桑將有事，時節過禁煙。輕風歸燕日，小雨浴蠶天。
春衫捲縞袂，盆池弄清泉。深宮想齋戒，躬桑率民先。

下蠶
穀雨無幾日，溪山煖風高。早蠶初破殼，落紙細於毛。
柔桑摘蟬翼，薪薪絕容刀。茅簷紙牕明，未覺眼力勞。

飼蠶
蠶兒初飼時，桑葉如錢許。攀桑摘鵝黃，藉紙觀螘聚。
屋頭草木長，牕下兒女語。日長人頗閒，針線隨緝補。

一眠
蠶眠白日靜，鳥語青春長。抱膝聊假寐，孰能事梳粧？
水邊多麗人，羅衣翻春陽。春陽無限思，豈知問農桑。

二眠
吳蠶一再眠，竹屋下簾幕。拍手弄嬰兒，一笑姑不惡。
風來麥秀寒，雨過桑沃若。日高蠶未起，谷鳥鳴百箔。

三眠
屋裏蠶三眠，門前春過半。桑麻綠陰合，風雨長檠暗。

葉裏蟲絲繁，臥作字畫短。偷閒一枕眠，夢與楊花亂。

分箔

二眠三起餘，飽葉蠶局促。眾多旋分箔，早晚硙滿屋。

郊原過新雨，桑柘添濃綠。竹門快活吟，慼愧麥飽熟。

采桑

吳兒歌采桑，桑下青春深。鄰里講歡好，過畔無欺侵。

筠籃各自攜，層梯高倍尋。黃鸝飽紫椹，啞咤鳴綠陰。

大起

盈箱大起時，食葉聲似雨。春風老不知，蠶婦忙如許。

呼童刈草麥，朝飯已過午。妖歌得綾羅，不易青裙女。

捉績

麥黃雨初足，蠶老人愈忙。辛勤減眠食，顛倒著衣裳。

絲腸映綠葉，練練金色光。松明照夜屋，杜宇呼東崗。

上簇

采采綠葉空，剪剪白茅短。撒簇輕放手，蠶老絲腸軟。

山市浮晴嵐，風日作妍暖。會看繭如甕，纍纍光炫眼。

炙箔

戔戔蓺新炭，重重下簾幕。初出結網蟲，遽若雪滿箔。

老媼不勝勤，候火珠汗落。得閒兒女子，困臥呼不覺。

下簇

晴明開雪屋，門巷排銀山。一年蠶事辦，下簇春尚闌。

鄰里兩相賀，翁媼一咲歡。后妃應獻繭，喜色開天顏。

擇繭

大繭至八蠶，小繭上獨蛹。繭衣繞指柔，收拾擬何用。

冬來作縹紃，與兒禦寒凍。衣帛非不能，債多租稅重。

窖繭

盤中水精鹽，井上梧桐葉。陶器固封泥，窖繭過旬浹。

門前春水生，布穀催奮鋪。明朝踏繰車，車輪纏白氎。

繰絲

連村煮繭香，解是誰家娘。盈盈意媚竈，拍拍手探湯。

上盆顏色好，轉軸頭緒長。晚來得少休，女伴語隔墻。

蠶蛾

蛾初脫纏縛，如蝶栩栩然。得偶粉翅光，散子金粟圓。

歲月判悠悠，種嗣期綿綿。送蛾臨遠水，蠶歸祝明年。

祀謝

春前作蠶祀，盛事傳西蜀。此邦享先蠶，再拜絲滿目。

馬革裹玉肌，能死不為辱。雖云事渺茫，解與民為福。

絡絲

兒夫督機絲，輸官趁時節。向來催租癀，正為坐踰越。

朝來掉鱟勤，寧復辭腕脫。辛苦夜未眠，敗屋燈明滅。

經

素絲頭緒多，羨君好安排。青韓不動塵，緩步交去來。

脉脉意欲亂，眷首重回。王言正如絲，亦付經綸才。

緯

浸緯供織紝，寒女兩鬢丫。繾綣一縷絲，成就百種華。

弄水春笋寒，捲舒蟾影斜。人間小阿春，晴空轉雷車。

織

青燈映幃幕，絡緯鳴井闌。軋軋揮揮素手，風露凄以寒。

辛勤度幾梭，始復成一端。寄言羅綺伴，當念苧麻單。

成匹

時態尚新巧，女功慕精勤，心手暗相應，照眼華紛紜。

殷勤拋錦字，曲折續回文。更將無限思，織作鴈背雲。

剪帛

蛾眉事機杼，細意把刀尺。盈盈彼美人，剪剪其束帛。

輸官給邊用，辛苦何足惜。大勝漢繚綾，粉巧不再益。

按，《養蒙內訓》曰：「宋朝義大夫婁璹撰《織圖詩》凡二十四章，與《耕圖詩》若干章，嘗經進御，其言紅女之事備矣。」

○元趙孟頫《織圖詩》十二章

正月

正月獻新歲，最先理農器。女工並時興，蠶室臨明治。

初陽力未勝，早春尚寒氣。墐墊當繽密，勿使風雨至。

田疇耕耨動，敢不修耒耜。經冬息方弱，見梅須戒寔。

萬事非預備，倉卒恐不易。田家亦良苦，捨此復何計。

二月

仲春凍初解，陽氣方滿盈。旭日照遠野，萬物皆放榮。
是時可種桑，插地易抽萌。列樹遍阡陌，東西各縱橫。
豈惟籬落間，採葉憚遠行。大哉皇極化，四海無交兵。
種桑日已廣，彌望綠雲平。匪為錦綺謀，秖以厚民生。

三月

三月蠶始生，纖細如牛毛。婉戀閨中女，素手握金刀。
切葉以飼之，擁紙散周遭。庭樹鳴黃鳥，發聲和且嬌。
忍饑當採桑，何暇事遊遨。田時人力少，丈夫方種苗。
相將挽長條，盈筐不終朝。數口望無寒，敢辭終歲勞。

四月

四月夏氣清，蠶大已熟眠。馬首何昂昂，蛾眉復娟娟。
不憂桑葉少，徧野如綠煙。相呼攜筐去，迢遞立遠阡。
拂空伐條枝，葉上露未乾。蠶飢當早歸，秉心靜以專。
飭躬修婦事，黽勉當盛年。救忙多女伴，笑語方喧然。

五月

五月夏已半，谷鶯先弄晨。老蠶盛雪繭，吐絲亂紛紜。
伐葦作簿曲，束縛齊榛榛。黃者黃如金，白者白如銀。
爛然滿筐筥，愛此顏色新。欣欣舉家喜，稍慰經時勤。
有客過相問，笑聲聞四鄰。論功何所歸，再拜謝蠶神。

六月

釜下燒桑柴，取繭投釜中。纖纖女兒手，抽絲疾如風。

田家五六月，綠樹陰相蒙。但聞繅車響，遠接村西東。
旬日可經絹，弗憂杼軸空。婦人能蠶桑，家道當不窮。
更望時雨足，二麥亦稍豐。沽酒及時飲，醉倒嫗與翁。
七月

七月暑尚熾，長日弄機杼。頭蓬不暇梳，揮手汗如雨。
嚶嚶時鳥鳴，灼灼紅榴吐。何心娛耳目，往來忘傴僂。
織為機中素，老幼紉且補。青燈照夜梭，蟋蟀窗外語。
辛勤亦何有，身體衣幾縷。嫁為田家婦，終歲服勞苦。
八月

池水何洋洋，漚麻水中央。數日麻可取，引過兩手長。
織絹能幾時，織布已復忙。依依小兒女，歲晚嘆無裳。
布襦不掩脛，念之熱中腸。朝緝滿一籃，暮緝滿一筐。
行看機中布，計日漸可量。我衣苟已成，不憂天早霜。
九月

季秋霜露降，凜凜寒氣生。是日當授衣，有布織未成。
天寒催刀尺，機杼可無營。教女學紡纑，舉足疾且輕。
舍南與舍北，嗤嗤聞車聲。通都富豪家，華屋貯娉婷。
被服雜羅衣，五色相間明。聽說貧家女，惻然當動情。
十月

豐年禾黍登，農心稍逸樂。小兒漸長大，終歲荷鋤钁。
目不識一字，每念心作惡。東鄰方迎師，收拾令入學。
後月日南至，相賀因舊俗。為女裁新衣，修短乃量度。

龜手事塞向，庶禦北風雪。人生真可嘆，至老長力作。

十一月

冬至陽來復，草木潛滋萌。君子重其然，吾道自此亨。

父母坐堂上，子孫列前榮。再拜稱上壽，所願百福駢。

人生屬明時，四海方太平。民無札瘵者，厚澤敷群情。

衣食苟給足，禮義自此生。願言興學校，庶幾教化成。

十二月

忽忽歲將盡，人事可稍休。寒風吹桑麻，日夕聲颼颼。

墻南地不凍，墾掘為坑溝。斫桑埋其中，明年芽早抽。

是月浴蠶種，自古相傳流。蠶出易脫殼，絲纊亦倍收。

及時不努力，知有來歲否。時凍不足惜，冀免號寒憂。

按，《養蒙內訓》曰：「元翰林學士承旨趙孟頫撰《織圖詩》，自注云奉懿旨作者。」

〈聖訓演〉後序

夫聖訓，我高皇帝所以教民。是彝是訓，昔太宰王公之註，今太宰許公之贊，備矣。其附以嘉言、善行，而詳及閨門之教者，則錡之意，提學副使龔君守愚成之也，然亦文也。

往見有司昭宣訓詞，摹勒註贊，家給人授，藹然尚德尚行之風。徐考之，誦之弗知也，知之弗悟也，悟之弗行也，文具而已。是錄也，其是也夫。夫不文，誠不能；徒文，亦不能。虞廷正德，勸以《九歌》；周王錫極，敷言是訓。今鄉野之間，童稚相聚，父兄之教詩書，所先誠以是兼之，則蚤暮誦說，聞者不覺其入，是子弟之學反以教於父兄。至於《女誡》，如是而已。而又徇之以木鐸，申之以告誡，風之以勸懲，有司者復加之意焉。斯其耳目觀感之機，有在於言語條約之外矣。昔人論治，謂不能家喻戶曉，豈盡然哉！予昔治定，嘗用是道，民至今誦之。使關中諸有司悉加之意焉，則所以率由舊章，以贊聖明之治者，非徒以其文而已。

嘉靖丁酉三月晦日，巡按陝西監察御史唐錡謹題。

恭題〈聖訓演〉後

　　夫恒心者，本然之良也。耳目者，心之樞機也。聲以警之，有同聽焉；教以視之，有同美焉；聲教以交養之，有同然焉。帥天常以誘善衷，修人紀以臻善治，不在茲乎！故夏設遒人，徇于孟春；殷制官刑，訓于蒙士；周人徇以治教、政刑之貳，訓以州黨、族閭之長。而又內有司諫，外有訓方，莫不綏猷建極，遏惡塞違。既樹風聲，咸納軌物，乃知三代有道之長，比屋可封之美，雖由天啟，抑亦人慈也。逮德下衰，民彝泯亂，至于勝國極矣。我高皇帝拯溺亨屯，觀民設教，鏤榜以懸法，振鐸以警眾。宸奎所頒，約文申義，明豳爾雅，敬敷篤敘，媲美虞周，誠所謂一道德以同俗，日遷善而不知者矣。閱歲滋久，奉行或怠，民不蠲烝，用罹于咎。侍御唐公來按西土，布憲張維，繩枉銷瘝，凡所以召和消沴者，既殫厥心。重惟敦篤化原，民志斯定，爰取高皇帝約束，著為規款，以儆有位，以錫庶民。是故，畀之端人，重其事也；假之體貌，作其氣也；繹以塾師，抽其秘也；諷以蒙養，游其志也；集于叢祠，祛其蔽也；摭于群言，求其是也；叢于簿正，責其備也；浹于房闥，矜其細也。渢渢者，與耳謀；煜煜者，與目謀；懇懇者，與心謀。由是而勸懲昭焉，情義聯焉。謹身節用，厚下安宅，胥此出焉。猶以為未足也，乃復有婚喪之約焉。彪列櫛比，都為三卷，命曰《聖訓演》。清江龔守愚受以卒業作而歎曰：「昭宣令甲，奉以周旋，共德也。開心明

目，牖民孔易，仁澤也。申飭臣工，恢弘治化，義舉也。譬諸作樂，茲聲氣之元，黃鐘之均也。其始也，灰飛氣應；其究也，鳳儀獸舞。豈與夫參黍校器，徇似失真者倫哉！」是錄也，西土曷能專承，放諸四海，咸嘉賴之。守愚與聞風教，是用鋟梓，布之郡邑。雖然，巡問觀察，司諫之事也，唐公既允蹈之矣。涖校比觶，州黨族閭之責也，為守令者尚勗之哉！

嘉靖丙申日南至，陝西提學副使龔守愚識。

史地傳記類　PC1106　國立臺灣師範大學歷史研究所專刊46

聖諭與教化
——明代六諭宣講文本《聖訓演》探析

作　　者 / 林晉葳
責任編輯 / 孟人玉、吳霽恆
圖文排版 / 黃莉珊
封面設計 / 王嵩賀

發 行 人 / 宋政坤
法律顧問 / 毛國樑　律師
出　　版 / 國立臺灣師範大學歷史學系、秀威資訊科技股份有限公司
印製發行 / 秀威資訊科技股份有限公司
　　　　　114台北市內湖區瑞光路76巷65號1樓
　　　　　電話：+886-2-2796-3638　傳真：+886-2-2796-1377
　　　　　http://www.showwe.com.tw
劃撥帳號 / 19563868　戶名：秀威資訊科技股份有限公司
　　　　　讀者服務信箱：service@showwe.com.tw
展售門市 / 國家書店（松江門市）
　　　　　104台北市中山區松江路209號1樓
　　　　　電話：+886-2-2518-0207　傳真：+886-2-2518-0778
網路訂購 / 秀威網路書店：https://store.showwe.tw
　　　　　國家網路書店：https://www.govbooks.com.tw

2023年12月　BOD一版
定價：340元
版權所有　翻印必究
本書如有缺頁、破損或裝訂錯誤，請寄回更換

讀者回函卡

國家圖書館出版品預行編目

聖諭與教化：明代六諭宣講文本<<聖訓演>>探析 /
林晉葳著. -- 一版. -- 臺北市：秀威資訊科技
股份有限公司, 2023.12
　　面；　公分. -- (國立臺灣師範大學歷史研究所
專刊；46)(史地傳記類；PC1106)
　BOD版
　ISBN 978-626-7346-37-2(平裝)

　1. CST: 聖訓演 2. CST: 研究考訂 3. CST: 詔書
4. CST: 明代

651.6　　　　　　　　　　　　112016872